KB150090

이정림(대치동 리아샘) 지음

하루 한장

읽기, 듣기, 쓰기, 말하기가 되는

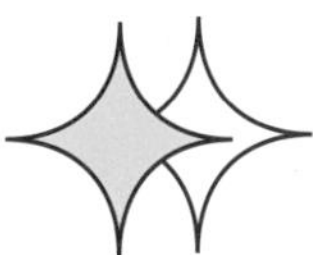

한 권으로 끝

키즈프렌즈

저자 **이정림**(대치동 리야샘)

대치동에서 20년째 영어 강사로 활동 중이다. 사립초, 국제초 학생들을 비롯해 유치원생부터 중고등학생까지 다양한 연령대의 학생들에게 영어를 지도해 오고 있다.
효과적인 영어 교육에 대한 연구를 위해 숙명여자대학교 TESOL 석사 과정을 마치고, 영어 공부에 영향을 주는 심리적 요인에 관심을 갖게 되어 하와이 U of N 상담 심리 기초 Certificate 과정을 공부하였다. 이외에 이중 언어 교육 콘퍼런스 참여 등을 통해 학생들에게 실질적인 영어 교육에 성과를 가지고 올 수 있는 방법들을 연구, 지도 중이다.
최근에는 〈엄마표 영어가 학원을 이긴다〉, 〈하루 10분 엄마표 생활영어〉라는 책을 집필해, 영어 교육 전문가로서 영어와 독서를 한 번에 잡는 영어 교육법과 생활 영어를 소개한 바 있다.
인스타그램 ● https://www.instagram.com/goodteacher.me/

읽기, 듣기, 쓰기, 말하기가 되는
초등 영문법 한 권으로 끝 저학년

초판 1쇄 인쇄 2023년 7월 10일
초판 1쇄 발행 2023년 7월 20일

지은이 이정림
펴낸이 고정호
펴낸곳 베이직북스
주소 서울시 금천구 가산디지털1로 16, SK V1 AP타워 1221호
전화 02) 2678-0455
팩스 02) 2678-0454
이메일 basicbooks1@hanmail.net
홈페이지 www.basicbooks.co.kr
블로그 blog.naver.com/basicbooks_marketing
인스타그램 www.instagram.com/basicbooks_kidsfriends/
출판등록 제 2021-000087호
ISBN 979-11-6340-073-8 63740

* 키즈프렌즈는 베이직북스 유아동 전문 임프린트입니다.
* 가격은 뒤표지에 있습니다.
* 잘못된 책이나 파본은 구입처에서 교환하여 드립니다.

지난 20년간 영어를 가르치면서 수없이 들었던 질문입니다. 많은 분들이 영어 문법 공부가 아이들에게 어렵기만 하고 실생활 영어에는 도움이 안 되는 것인지 궁금해 하는데요. 영어 문법은 영어를 잘 사용하기 위해, 영어라는 언어의 약속을 익히는 것입니다.

- 본 책은 초등 저학년 아이들이 영어 문법을 혼자서도 쉽게 공부할 수 있도록 기획되었습니다.

  긴 시간 어렵게 배우는 것이 문법은 아닙니다. 책의 내용에 줄을 그으며 모두 외울 필요가 없어요. 그런 학습은 영어 문법을 하나의 공식이라고만 생각해서 나오는 학습법입니다. 본 책은 동영상 강의에서 제공하는 기본 개념만 이해해도 문법의 체계를 자연스럽게 잡을 수 있도록 하였습니다. 강의는 짧고 쉽게 구성되어 있어, 문법을 처음 접하는 아이도 쉽게 부담 없이 배울 수 있도록 하였습니다.

- 아이들이 생활에서 쓸 수 있는 간단하고 쉬운 예문들을 담았습니다.

  머리로만 이해하는 영어 문법은 그저 책 안의 '지식'일 뿐입니다. 영어 문법 때문에 영어 말하기가 안 된다고 생각하는 것이 바로 이 때문이죠. 문법을 공부할 때 책 안의 '지식'을 넘어 이해한 것이 바로 입으로 나올 수 있도록 해야 합니다. 문법을 잘 이해하면 오히려 생활 영어의 실력도 향상됩니다. 아이들이 실생활에서 사용할 수 있는 쉽고 생생한 예문들을 담아, 이해한 문법이 말하기로 자연스럽게 연결되도록 하였습니다.

- 기본적인 문법 용어를 한국말과 영어로 친숙해지도록 하였습니다.

  영어 문법을 공부할 때 문법 용어는 내용을 이해하기 위해 필요합니다. 문법 용어를 여러 번 반복하여 학습하다 보면 문법 용어를 자연스럽게 배우고 기억할 수 있습니다.

멀게만 느껴졌던 영어 문법이 우리 아이들에게 가까이 다가와 말하기, 쓰기. 읽기, 듣기와 생생하게 연결되기를 바랍니다.

저자 이정림

본 책

1

2 3

1

WORDS CHECK

각 Chapter를 시작하기 전에 필수 단어가 정리되어 있습니다. WORDS CHECK를 익힌 후, 본문을 학습하면 영어 문장들을 잘 이해할 수 있답니다.

2

개념 & 내용

각 Unit에서 배울 문법의 핵심 개념과 내용이 정리되어 있어요. 먼저 개념 & 내용에 있는 설명을 꼼꼼히 살펴보고, 예문도 소리 내어 읽어 보세요. QR코드로 선생님의 강의를 보면서 읽었던 문법 내용을 정리해 봅니다.

3

Check-up

개념 & 내용을 통해 내용을 잘 익힌 후, Check-up, Step-up, Jump-up을 통해 공부한 문법을 잘 이해했는지 확인하고, 문법 내용과 친숙해지도록 합니다.

Check-up : 개념을 잘 이해했는지 확인합니다.

참고 본 책의 우리말 해석은 영어 문장의 구조와 문법 규칙을 정확하게 이해할 수 있도록 하기 위해 직역을 하였습니다.

워크북

워크북은 Review와 Step1~3 그리고 실전테스트 3세트로 구성되어 있습니다.

Review : 가장 핵심이 되는 문법 내용을 정리하였습니다.

Step 1~3 : 문제를 풀면서 각 챕터에서 공부한 내용을 복습할 수 있습니다.

실전테스트 1~3 : 교재 전체의 내용을 범위로 하여 출제된 문제입니다. 본 교재의 학습을 마치면서 실력을 확인해 보세요. 각 문제의 위에는 출제 범위가 표시되어 있습니다. 테스트는 한 번에 한 세트씩 풀고 채점한 후 자신의 실력을 점검하고 다음 테스트를 풀어보기 권합니다.

4 5

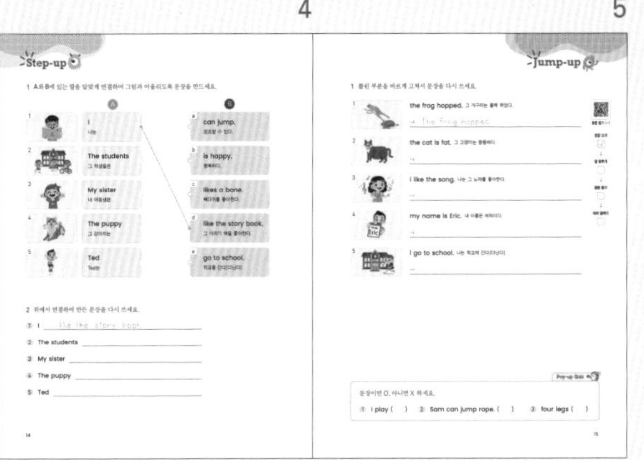

6

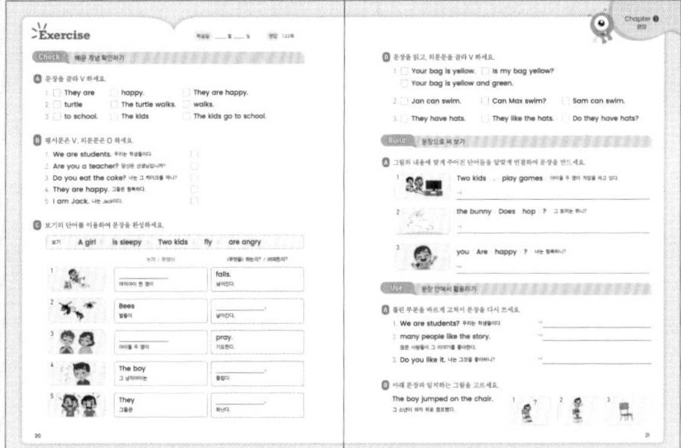

4 Step-up

Step-up : 문제를 풀면서 배운 문법의 내용을 응용할 수 있는지 확인합니다.

5 Jump-up

Jump-up : 배운 문법을 문장에 적용하여 문제를 풀되, '정답 쓰기, 답 맞추기, 음원 듣기, 따라 말하기' 순서에 맞춰 실력을 다집니다.

6 Exercise

각 Chapter에서 배운 내용 전체를 잘 소화하고 있는지 되짚어 보도록 구성되어 있습니다. 꼭 스스로 풀어 보세요. 문제를 모두 풀고 채점한 후에 틀렸거나 아직 이해가 되지 않는 부분이 있으면 그 부분만 다시 찾아 공부하세요.

정답 쓰기: 스스로 문제를 풀고, 답을 씁니다.
답 맞추기: 답지를 보고 답을 확인합니다.
음원 듣기: 원어민의 목소리가 담긴 음원을 듣습니다. 소리를 집중해서 들어봅니다.
따라 말하기: 음원을 듣고 원어민을 따라 소리 내어 말합니다.

Review　　Step 1~3

실전테스트 1~3

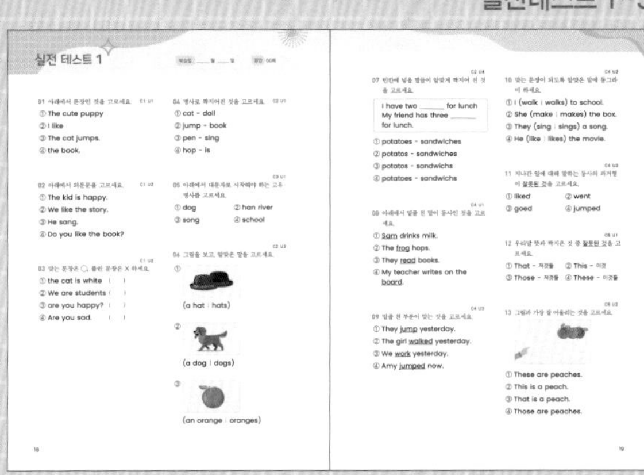

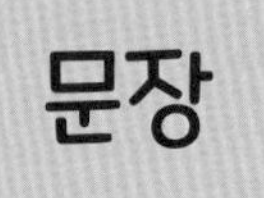

영문법 용어(이름)

영어 문법 공부를 하다 보면, 자주 쓰이는 말들이 있어요. 처음에 보면 낯설 수도 있지만 어떻게 쓰이는지 알게 되면, 문법 공부가 더 쉬워질 거예요.
이 책을 학습하기 전 또는 공부를 하다가 말의 뜻을 확인해야 할 때 참고하세요.

문장

문장(sentence)은 **완전한 내용을 담는 글의 단위**입니다.

① **주어**(subject)는 문장에서 '누가, 무엇이'에 해당하는 말로 문장의 주인공입니다.
② **평서문**(telling sentence)은 주어가 무엇을 하는지 또는 어떠한지 '말해 주는 문장'입니다.
③ **의문문**(asking sentence)은 주어에 대해 '물어보는 문장'입니다.

명사

명사(noun)는 무엇의 이름을 나타내는 말로, **사람, 장소, 물건, 동물 등의 이름**입니다.

① **단수 명사**(singular noun)는 명사의 수가 하나인 것을 말합니다.
② **복수 명사**(plural noun)는 명사의 수가 여러 개인 것을 말합니다.
③ **고유 명사**(proper noun)는 특별한 이름을 나타내는 명사입니다.
④ **명사의 소유격**(possessive nouns)은 명사에 대해 '누구의 것'인지를 나타내는 말입니다.

동사

동사(verb)는 **주어의 움직임이나 작용을 나타내는 말**입니다.

① **동사의 현재형**(present tense verb)은 지금 일어난 일을 나타내는 동사입니다.

② **동사의 과거형**(past tense verb)은 지나간 일을 나타내는 동사입니다.

대명사

대명사(pronoun)는 앞에서 말한 **명사 대신 쓰는 말**입니다.

① **인칭 대명사의 주격**(subjective pronoun)은 주어의 자리에 오는 대명사입니다.

② **인칭 대명사의 소유격**(possessive pronoun)은 누구의 것인지를 알려 주는 대명사입니다.

③ **지시 대명사**(demonstrative pronoun)는 이것(들), 저것(들)을 가리킬 때 쓰는 대명사입니다.

형용사

형용사(adjective)는 명사의 개수, 색깔, 상태, 모양 등 **명사를 꾸며 주거나 자세히 설명하는 말**입니다.

be동사

be동사는 **'~이다, 어떠하다'** 라는 뜻을 가진 동사로 am, are, is, was, were가 있습니다.

CONTENTS

문장

sentence

WORDS CHECK

cat 고양이	fall 넘어지다	fast 빠른	frog 개구리	funny 재미있는
hop 깡충 뛰다	jump 점프하다	kid 아이	name 이름	puppy 강아지
run 달리다	school 학교	sister 언니, 누나, 여동생	story 이야기	walk 걷다

Unit 1 The puppy *vs* The puppy is running.

개념 & 내용

강의 보기 1-1

문장(sentence)**이란 완전한 내용을 나타내는 글의 단위예요. 이것은 생각이나 느낌, 상황을 나타낸답니다.** The puppy is running.(그 강아지가 달리고 있다.)**은 문장이라고 하지만,** The puppy(그 강아지)**는 문장이라고 하지 않아요. 강아지가 (무엇을) 한다는 내용이 있어야 문장이라고 할 수 있어요.**

① 문장은 '누가 / 무엇이 + (무엇을) 하다'라는 말입니다.

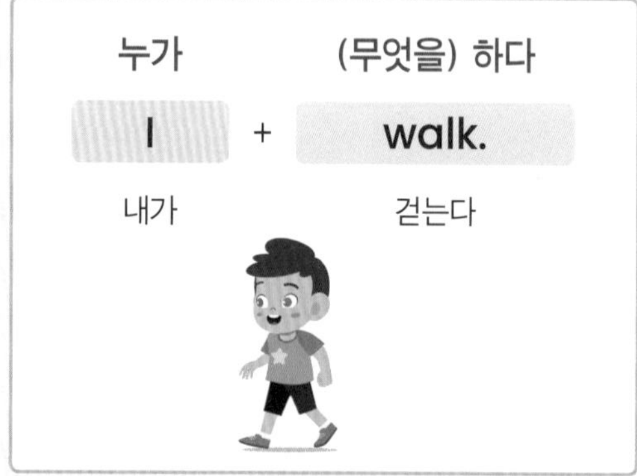

② 문장은 '누가 / 무엇이 + 어떠하다'라는 말입니다.

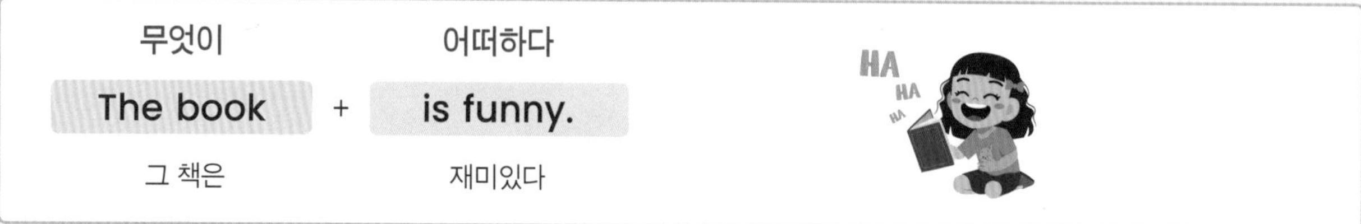

이처럼 문장은 **누가 / 무엇이** 부분과 **(무엇을) 하다 / 어떠하다**라는 부분이 **모두 있어야** 한답니다.

③ **문장**의 **첫 글자**는 **대문자**로 써야 하며,

문장의 끝에는 문장이 끝났다는 표시로 **마침표(.), 물음표(?), 느낌표(!)**를 붙여요.

I read a book. 나는 책을 읽는다.	**Do you read a book?** 너는 책을 읽니?

1 아래에서 '문장'을 찾아 동그라미 하세요.

I like	the book.
I like the story.	Fred is
Fred is happy.	runs fast.
Jenny runs fast.	I can jump.

2 위에서 찾은 문장을 쓰고, 첫 글자에 동그라미 하세요. (첫 글자가 대문자인지 확인하세요.)

Step-up

1 그림에 맞게 A와 B에 있는 말을 연결하여 문장을 만들어 보세요.

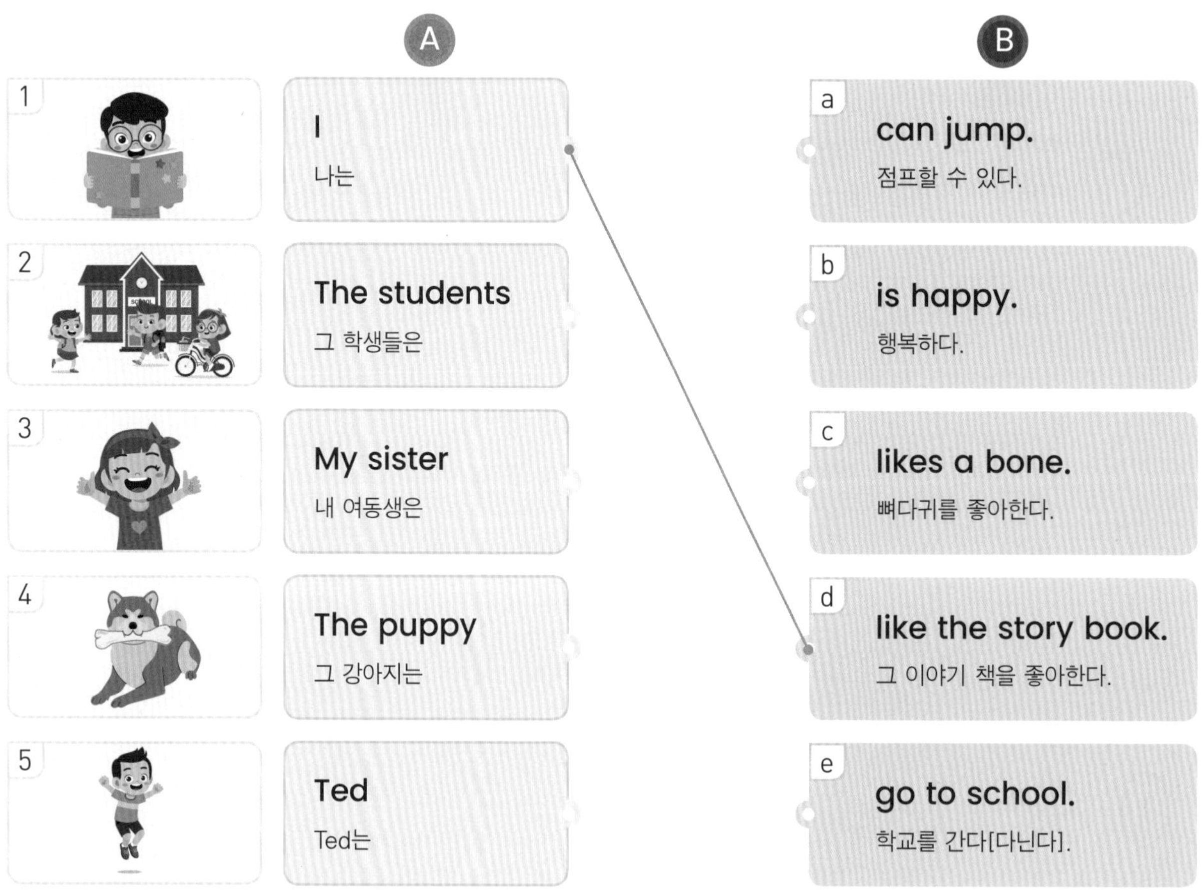

2 위에서 연결하여 만든 문장을 다시 쓰세요.

1 I ___like the story book.___

2 The students ______________________

3 My sister ______________________

4 The puppy ______________________

5 Ted ______________________

1 틀린 부분을 바르게 고쳐서 문장을 다시 쓰세요.

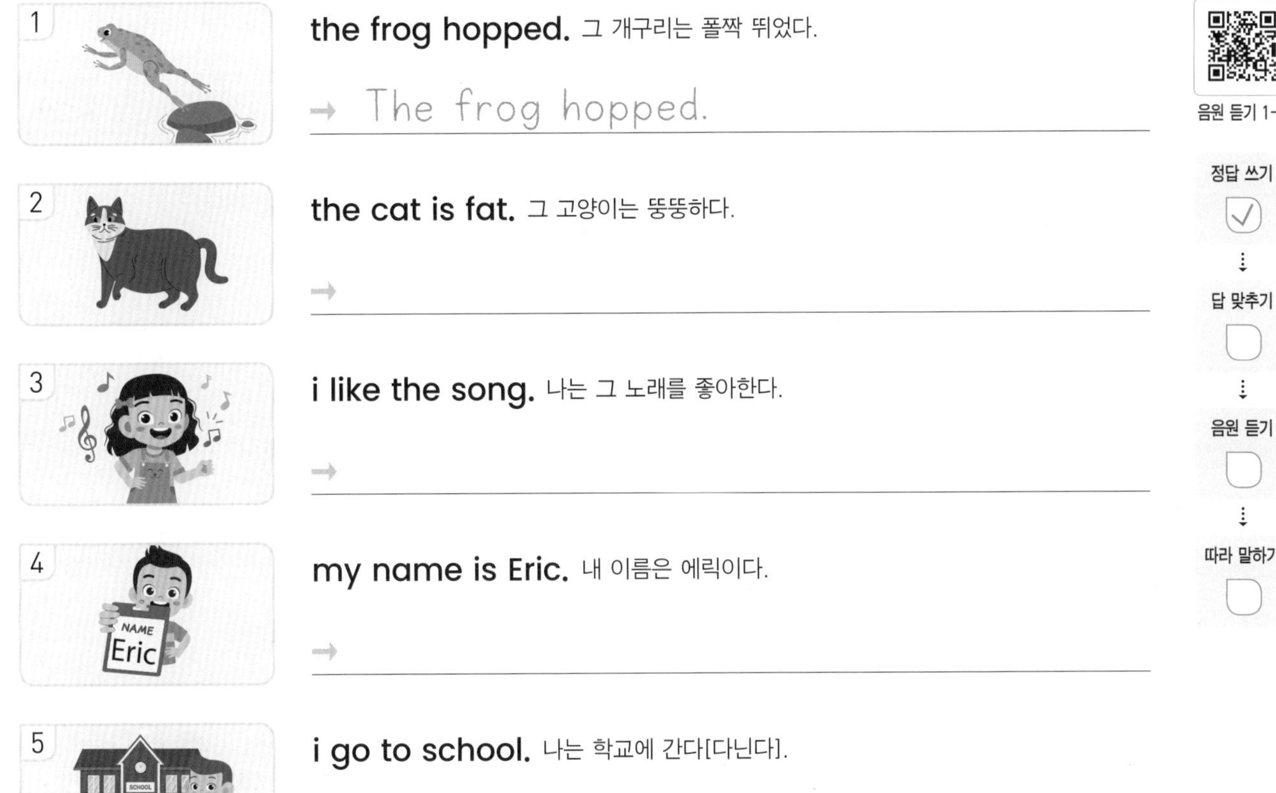

1 the frog hopped. 그 개구리는 폴짝 뛰었다.
→ The frog hopped.

2 the cat is fat. 그 고양이는 뚱뚱하다.
→

3 i like the song. 나는 그 노래를 좋아한다.
→

4 my name is Eric. 내 이름은 에릭이다.
→

5 i go to school. 나는 학교에 간다[다닌다].
→

Pop-up Quiz

문장이면 O, 아니면 X 하세요.

1 I play (　　)　2 Sam can jump rope. (　　)　3 four legs (　　)

I like ~. vs Do you like ~?

개념 & 내용

강의 보기 1-2

문장에는 여러 종류가 있어요. 이번에는 말해 주는 문장과 물어보는 문장을 배워 볼게요.

문장의 주인공은 주어이고, 그만큼 중요하기 때문에 동사보다 먼저 나와요.

하지만 문장의 종류에 따라 순서가 바뀌기도 한답니다.

① **말해 주는 문장**(telling sentence)은 **주어가 '(무엇을) 하는지, 어떠한지'** 나타내요. → 평서문이라고 해요.

말해 주는 문장의 **첫 글자**는 **대문자**로 쓰고, 문장의 마지막에는 **마침표**를 꼭 찍어요.

I like the book .
나는 그 책을 좋아한다.

They are happy .
그들은 행복하다.

② **물어보는 문장**(asking sentence)은 **주어에 대해 '무엇을 하는지, 어떠한지' 등을 물어보는 문장**이에요. → 의문문이라고 해요.

물어보는 문장의 **첫 글자**도 **대문자**로 시작해요.

문장의 끝에는 **물음표**를 써서 문장이 끝났다는 표시를 하죠.

Do you like the book ?
너는 그 책을 좋아하니?

Are you happy ?
너는 행복하니?

1 아래 문장들이 '말해 주는 문장'인지, '물어보는 문장'인지 알맞은 곳에 쓰고 읽어 보세요.

My name is Min. 내 이름은 Min이다.	**I go to the zoo.** 나는 동물원에 간다.
It is a book. 그것은 책이다.	**Do you go to the zoo?** 너는 동물원에 가니?
Are you Min? 너는 Min이니?	**Amy can jump.** Amy는 점프할 수 있다.
Can you jump? 너는 점프할 수 있니?	**Is it a book?** 이것은 책이니?

말해 주는 문장	물어보는 문장
My name is Min.	Is it a book?

2 문장을 읽고 문장 끝에 마침표(.)나 물음표(?)를 쓰세요.

1. I like flowers (　　)
2. Do you like the puppy (　　)
3. Can you read (　　)

Step-up

1 아래 문장이 '평서문(=말해 주는 문장)'인지, '의문문(=물어보는 문장)'인지 알맞게 연결하세요.

1 They play soccer. 그들은 축구를 한다. — 평서문 / 의문문

2 I like cookies. 나는 쿠키를 좋아한다. — 평서문 / 의문문

3 Do you like cookies? 너는 쿠키를 좋아하니? — 평서문 / 의문문

4 I can ride a bike. 나는 자전거를 탈 수 있다. — 평서문 / 의문문

5 Can you swim? 너는 수영할 수 있니? — 평서문 / 의문문

6 He is happy. 그는 행복하다. — 평서문 / 의문문

7 Are you okay? 너는 괜찮니? — 평서문 / 의문문

1 주어진 단어들을 알맞게 연결하여 문장을 만드세요.

음원 듣기 1-2

정답 쓰기 → 답 맞추기 → 음원 듣기 → 따라 말하기

1 **play | We | . | a game** | 우리는 게임을 한다.

→ We play a game.

2 **you | Do | ? | have | a pet** | 너는 반려동물을 가지고 있니?

→ ______________________

3 **like | the kitten | . | We** | 우리는 그 새끼 고양이를 좋아해.

→ ______________________

4 **ride | She | can | a bike | .** | 그녀는 자전거를 탈 수 있다.

→ ______________________

5 **you | Are | happy | ?** | 너는 행복하니?

→ ______________________

6 **I | okay | . | am** | 나는 괜찮아.

→ ______________________

7 **walks | . | My mom** | 내 엄마는 걷는다.

→ ______________________

Pop-up Quiz

맞는 문장을 골라 V 하고 읽어 보세요.

1 they like the book. (   )

2 Do you like the book? (   )

3 do you like the book? (   )

Exercise

학습일 ____ 월 ____ 일 정답 122쪽

Check 배운 개념 확인하기

A 문장을 골라 V 하세요.

1. ☐ They are ☐ happy. ☐ They are happy.
2. ☐ turtle ☐ The turtle walks. ☐ walks.
3. ☐ to school. ☐ The kids ☐ The kids go to school.

B 평서문은 V, 의문문은 O 하세요.

1. We are students. 우리는 학생들이다. ☐
2. Are you a teacher? 당신은 선생님입니까? ☐
3. Do you eat the cake? 너는 그 케이크를 먹니? ☐
4. They are happy. 그들은 행복하다. ☐
5. I am Jack. 나는 Jack이다. ☐

C 보기의 단어를 이용하여 문장을 완성하세요.

보기 A girl | is sleepy | Two kids | fly | are angry

	누가 / 무엇이	(무엇을) 하는지 / 어떠한지
1	________ 여자아이 한 명이	falls. 넘어진다.
2 	Bees 벌들이	________. 날아간다.
3 	________ 아이들 두 명이	pray. 기도한다.
4 	The boy 그 남자아이는	________. 졸립다.
5 	They 그들은	________. 화난다.

D 문장을 읽고, 의문문을 골라 V 하세요.

1. ☐ Your bag is yellow. ☐ Is my bag yellow?
   ☐ Your bag is yellow and green.
2. ☐ Jan can swim. ☐ Can Max swim? ☐ Sam can swim.
3. ☐ They have hats. ☐ They like the hats. ☐ Do they have hats?

Build 문장으로 써 보기

A 그림에 맞게 주어진 단어들을 알맞게 연결하여 문장을 만드세요.

1. Two kids | . | play games | 아이들 두 명이 게임을 하고 있다.
   → ____________________
2. the bunny | Does | hop | ? | 그 토끼는 깡충깡충 뛰니?
   → ____________________
3. you | Are | happy | ? | 너는 행복하니?
   → ____________________

Use 문장 안에서 활용하기

A 틀린 부분을 바르게 고쳐서 문장을 다시 쓰세요.

1. **We are students?** 우리는 학생들이다. → ____________________
2. **many people like the story.** 많은 사람들이 그 이야기를 좋아한다. → ____________________
3. **Do you like it.** 너는 그것을 좋아하니? → ____________________

B 아래 문장과 일치하는 그림을 고르세요.

The boy jumped on the chair.
그 소년이 의자 위로 점프했다.

1 ? 2 3

명사 I
noun

WORDS CHECK

alligator 악어	chair 의자	computer 컴퓨터	cookie 쿠키	eraser 지우개
garden 정원	igloo 이글루	library 도서관	onion 양파	playground 놀이터
potato 감자	rabbit 토끼	store 가게	teacher 선생님	tiger 호랑이

Unit 1 child, book, park

개념 & 내용

강의 보기 2-1

명사(noun)는 무엇의 이름을 나타내는 말이에요. 우리 주변에는 이름들이 참 많이 있어요.

사람, 장소, 물건, 동물 등에 이름이 있어요. child(아이), book(책), park(공원) 같은 말들이죠.

이런 것들을 명사라고 해요.

① 사람을 나타내는 말은 명사예요.

mom 엄마	dad 아빠	child 아이
teacher 선생님	girl 여자아이	boy 남자아이

② 우리가 가는 모든 장소의 이름도 명사이죠.

park 공원	school 학교	library 도서관
garden 정원	zoo 동물원	store 가게

③ 물건의 이름 또한 명사랍니다.

pencil 연필	desk 책상	book 책
chair 의자	eraser 지우개	computer 컴퓨터

④ 동물의 이름도 명사이죠.

puppy 강아지	rabbit 토끼	bear 곰
cat 고양이	fish 물고기	bird 새

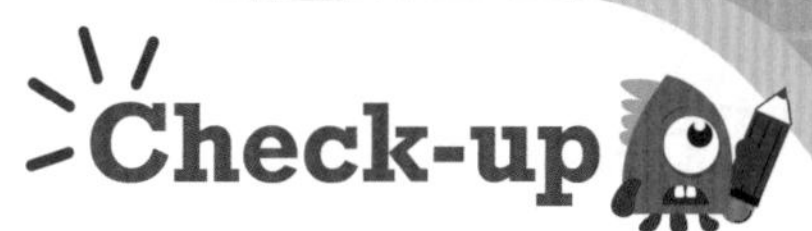

1 아래에서 명사를 찾아 알맞은 곳에 쓰세요.

사람 (a person)	장소 (a place)	물건 (a thing)	동물 (an animal)
teacher			

2 아래 문장을 읽고, 명사를 찾아 동그라미 하세요.

1 The child has an apple. 그 아이는 사과를 가지고 있다.

2 My dad reads a book. 내 아빠는 책을 읽으신다.

3 The tiger jumped on the rock. 그 호랑이는 바위 위로 점프했다.

4 A kitten was under the tree. 새끼 고양이 한 마리가 나무 아래에 있었다.

5 The girl kicked the ball. 그 소녀는 공을 찼다.

Step-up

1 명사를 찾아 동그라미 하세요. (7개의 명사가 있어요)

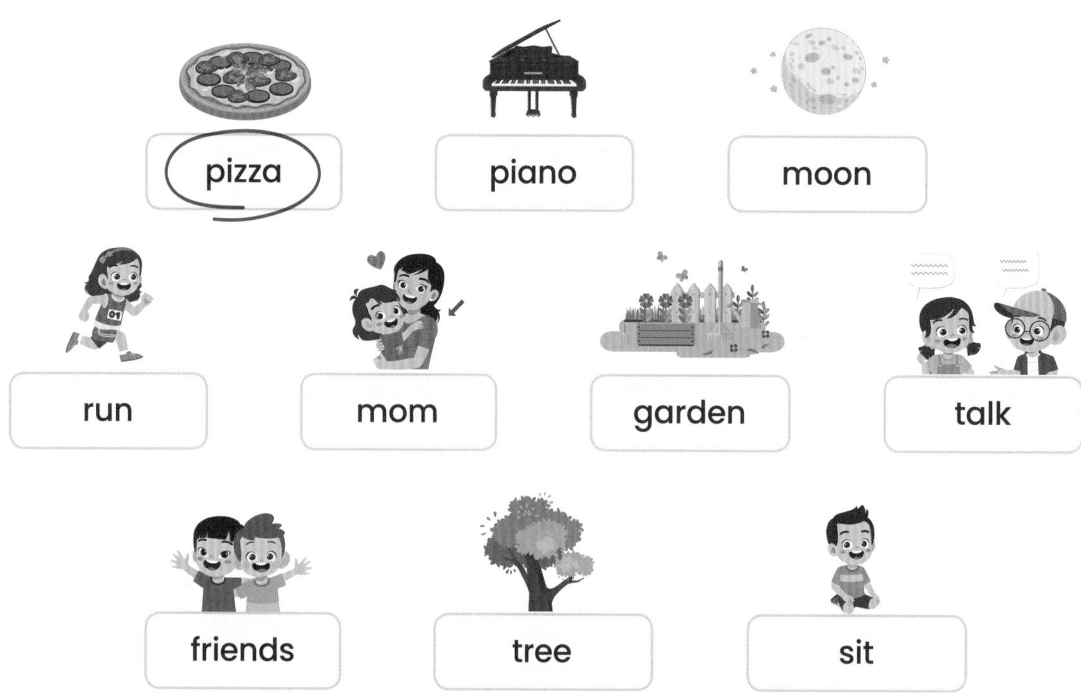

2 위에서 찾은 명사들을 이용하여 문장을 완성하세요.

1 I like to eat pizza. 나는 피자 먹는 것을 좋아한다.

2 My ________ is reading. 내 엄마는 책을 읽고 계시다.

3 The girl plays the ________. 그 소녀는 피아노를 친다.

4 The ________ is in the sky. 달이 하늘에 있다.

5 There are flowers in the ________. 정원에 꽃들이 있다.

6 My pet is under the ________. 내 반려동물은 나무 아래에 있다.

7 My ________ smiled. 내 친구들은 미소를 지었다.

1 주어진 단어들을 알맞게 연결하여 문장을 만들고, 명사에 동그라미 하세요.

음원 듣기 2-1

정답 쓰기

답 맞추기
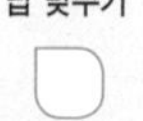
음원 듣기

따라 말하기
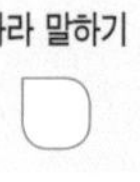

1 
a ball. | plays with | The girl | 소녀가 공을 가지고 논다.

→ 

2 
flies | A bird | to the tree. | 새 한 마리가 나무로 날아간다.

→ ______________________________

3
My mom | a car. | drives | 내 엄마는 차를 운전하신다.

→ ______________________________

4 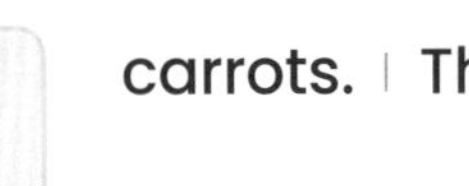
carrots. | The rabbit | eats | 토끼가 당근들을 먹는다.

→ ______________________________

5 
played | in a playground. | The kid | 그 아이는 놀이터에서 놀았다.

→ ______________________________

6 
run down | the street. | The boys | 그 소년들은 길거리를 뛰어 내려간다.

→ ______________________________

7 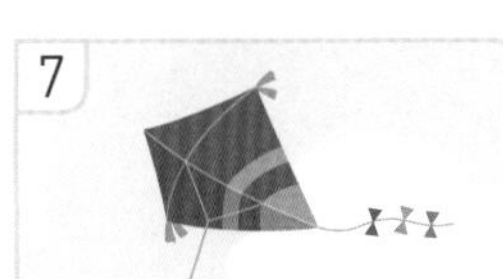
in the sky. | My kite | flies | 내 연이 하늘을 난다.

→ ______________________________

Pop-up Quiz

아래 문장이 평서문인지 의문문인지 골라 동그라미 하세요.

1 I go to school. (평서문 | 의문문)

2 Do you like the story? (평서문 | 의문문)

a / an
+ 단수 명사

Unit 2

a book *vs* an apple

개념 & 내용

강의 보기 2-2

명사의 수가 하나이면 단수 명사라고 하죠.

그렇다면, 명사의 수가 하나인지 어떻게 나타낼 수 있을까요? 간단해요. 명사 앞에 **a**나 **an**을 씁니다.

단, 명사의 첫소리에 따라 a를 쓸지 an을 쓸지 결정된답니다.

① 보통은 명사 앞에 '**a**'를 써서 '**하나**'임을 나타내요. '**a + 명사**' 이렇게 말이죠.
'a' 다음에 오는 명사는 모양을 바꾸지 않고 그대로 써요.

a book
책 한 권

a doll
인형 한 개

a desk
책상 한 개

a cup
컵 한 개

a pencil
연필 한 자루

a chair
의자 한 개

② 명사 앞에 '**an**'을 써서 '**하나**'임을 나타내기도 합니다.
명사의 첫 소리가 **a**, **e**, **i**, **o**, **u**로 시작될 때는 '**an + 명사**'라고 써요. (a, e, i, o, u를 모음(vowel)이라고 해요.)
'an' 다음에 오는 명사도 그대로 쓴답니다.

an apple
사과 한 개

an acorn
도토리 한 개

an orange
오렌지 한 개

an egg
계란 한 개

an igloo
이글루 한 개

an eraser
지우개 한 개
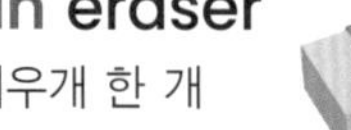

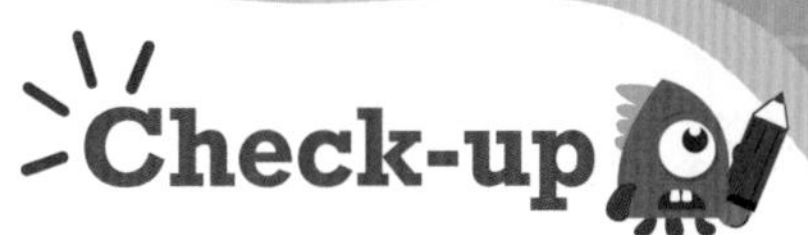

1 아래의 명사 앞에 a / an을 알맞게 쓰세요.

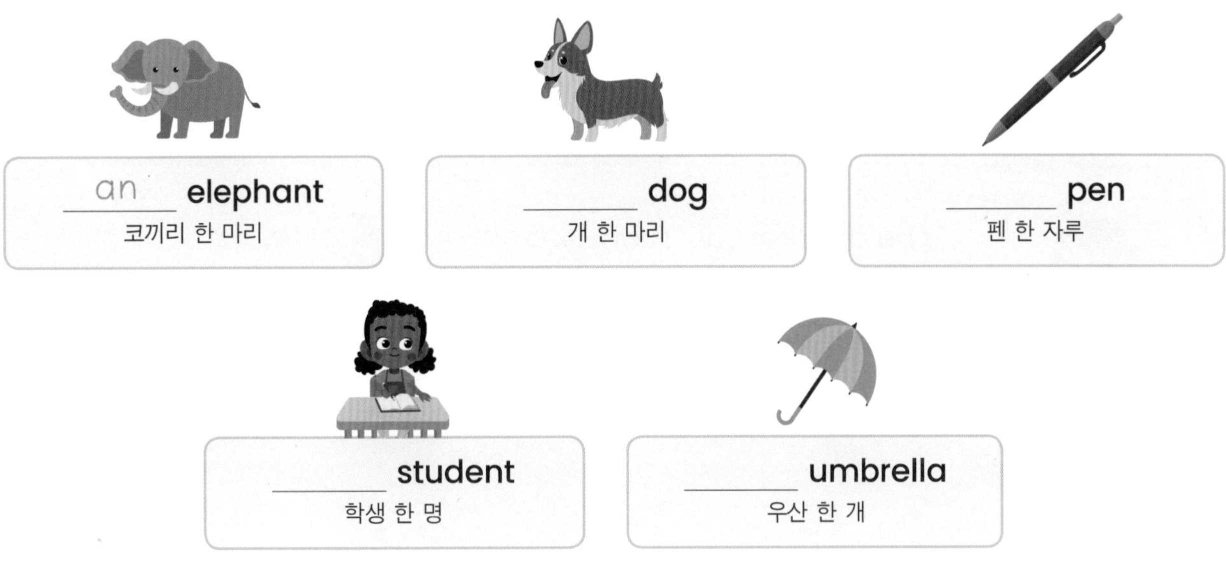

an **elephant** 코끼리 한 마리

______ **dog** 개 한 마리

______ **pen** 펜 한 자루

______ **student** 학생 한 명

______ **umbrella** 우산 한 개

2 아래 문장을 읽고, a나 an에 동그라미 하세요.

1 **(An) alligator was under (a) tree.** 악어 한 마리가 나무 한 그루 아래에 있었다.

2 **An alligator was eating an ice-cream under a tree.**
악어 한 마리가 나무 한 그루 아래에서 아이스크림 한 개를 먹고 있었다.

3 **An alligator was eating an ice-cream and a strawberry under a tree.**
악어 한 마리가 나무 한 그루 아래에서 아이스크림 한 개와 딸기 한 개를 먹고 있었다.

3 아래 문장의 빈칸에 a나 an을 알맞게 쓰세요.

1 An **ant was under** a **rock.** 개미 한 마리가 바위 한 개 아래에 있었다.

2 ______ **ant was eating** ______ **egg under** ______ **rock.**
개미 한 마리가 바위 한 개 아래에서 계란 한 개를 먹고 있었다.

3 ______ **ant was eating** ______ **egg and** ______ **cookie under** ______ **rock.**
개미 한 마리가 바위 한 개 아래에서 계란 한 개와 쿠키 한 개를 먹고 있었다.

Step-up

1 밑줄 친 부분을 바르게 고쳐서 문장을 다시 쓰세요.

1 

__A__ octopus is in the sea. 문어 한 마리가 바다에 있다.

→ An octopus is in the sea.

2 

The girl ate __a__ orange. 그 여자아이는 오렌지 한 개를 먹었다.

 ______________________

3 

They saw __a__ igloo. 그들은 이글루 한 개를 봤다.

 ______________________

4 

I have __an__ potato. 나는 감자 한 개를 가지고 있다.

 ______________________

5 

I picked up __a__ apple. 나는 사과 한 개를 집었다.

 ______________________

6 

The boy has __an__ book. 그 남자아이는 책 한 권을 가지고 있다.

 ______________________

7 

It is __an__ flower. 그것은 꽃 한 송이이다.

→ ______________________

Pop-up Quiz

맞는 말에 동그라미 하세요.

➲ 명사는 사람, 장소, 물건, 동물의 (이름 | 움직임)을 나타내는 단어입니다.

Jump-up

1 a / an 중 하나를 골라 문장을 만들고, 문장에 어울리는 그림과 연결하세요.

음원 듣기 2-2

정답 쓰기

답 맞추기

음원 듣기

따라 말하기

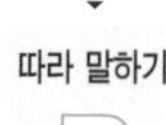

1 (a / an) I ate olive.
나는 올리브 한 개를 먹었다.
→ I ate an olive.

2 The bear (a / an) has acorn.
그 곰은 도토리 한 개를 가지고 있다.
→

3 I (a / an) pen. have
나는 펜을 한 자루 가지고 있다.
→

4 My brother (a / an) saw owl.
내 형은 올빼미 한 마리를 봤다.
→

5 Jenny umbrella. (a / an) has
Jenny는 우산 한 개를 가지고 있다.
→

6 My dad (a / an) is artist.
내 아빠는 예술가이다.
→

7 is It (a / an) avocado.
그것은 아보카도 한 개이다.
→

a
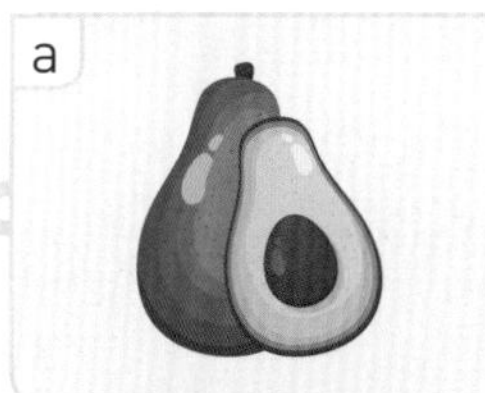
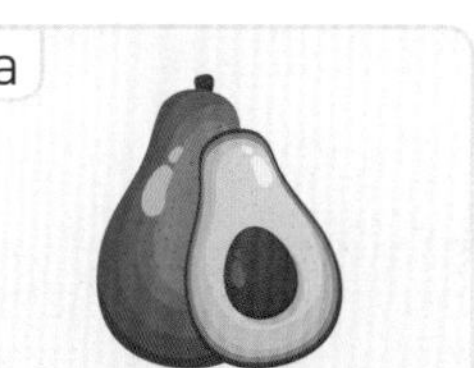

b
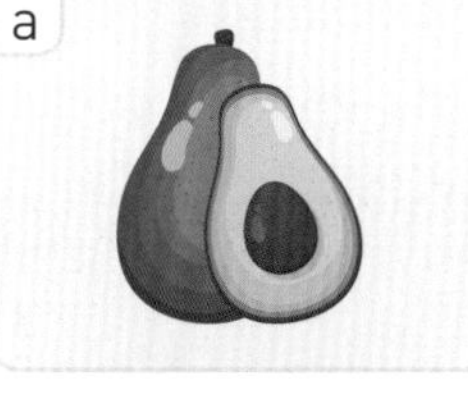

c

d

e

f

g

Unit 3

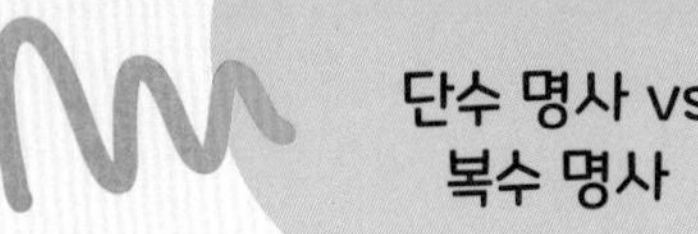

단수 명사 vs 복수 명사

a book *vs* books

개념 & 내용

강의 보기 2-3

명사의 수가 하나일 때와 여러 개일 때 표현을 다르게 해요. 명사의 수가 하나일 때는 앞에 a나 an을 쓴다고 했죠! 그런데 명사의 수가 여러 개이면 뒤에 s나 es를 붙여요. 이번에는 뒤에 s를 붙이는 경우에 대해 배워보기로 해요.

① 명사의 수가 하나일 때는 명사 앞에 **a / an**을 쓰고, 명사의 모양은 그대로 써요.

a book 책 한 권

a pencil 연필 한 자루

an orange 오렌지 한 개

→ 다른 말로는 복수 명사라고 해요.

② 명사의 수가 여러 개인 경우에는 명사 뒤에 주로 **s**를 붙여서, '명사 + **s**'로 쓴답니다.

two book**s** 책 두 권

three pencil**s** 연필 세 자루

two orange**s** 오렌지 두 개

다시 한번 비교해서 정리해요.

명사의 수가 하나 : a / an + 명사	명사의 수가 여러 개 : 명사 + s
a desk 책상 한 개	two desk**s** 책상 두 개
an orange 오렌지 한 개	two orange**s** 오렌지 두 개
an eraser 지우개 한 개	five eraser**s** 지우개 다섯 개

1 그림을 보고 알맞은 말에 V 하세요.

 (owl)	☑ an owl 올빼미 한 마리	☐ owls 올빼미들
 (onions)	☐ an onion 양파 한 개	☐ onions 양파들
 (pens)	☐ a pen 펜 한 자루	☐ pens 펜들
 (girl)	☐ a girl 여자아이 한 명	☐ girls 여자아이들
 (umbrella)	☐ an umbrella 우산 한 개	☐ umbrellas 우산들
 (books)	☐ a book 책 한 권	☐ books 책들
 (bird)	☐ a bird 새 한 마리	☐ birds 새들

Step-up

1 그림을 보고, 밑줄 친 부분을 바르게 고쳐서 문장을 다시 쓰세요.

1 

I have two bird. 나는 새 두 마리를 가지고 있다.

→ I have two birds.

2 

My sister sees a rabbits. 내 언니는 토끼 한 마리를 본다.

→

3 

They eat three orange. 그들은 오렌지 세 개를 먹는다.

→

4 

I pick two carrot. 나는 당근 두 개를 집는다.

→

5 

I see a caps. 나는 야구 모자 한 개를 본다.

→

6 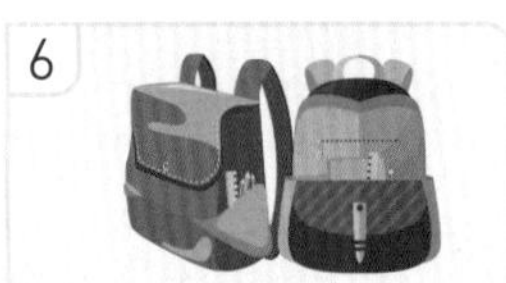

There are two bag. 가방 두 개가 있다.

→

7 

My friend has a dolls. 내 친구는 인형 한 개를 가지고 있다.

→

1 그림에 맞는 단어를 보기에서 골라 빈칸에 쓰세요.

보기	trees	a bike	a book	a dog	hats	frogs

음원 듣기 2-3

정답 쓰기 ☑ → 답 맞추기 ☐ → 음원 듣기 ☐ → 따라 말하기 ☐

a dog ______

______

______

______

______

______

2 위에서 찾은 단어를 이용하여 우리말 뜻에 맞게 문장을 완성하세요.

1. 공원에는 나무들이 있다. There are trees in the park.
2. 개구리들이 점프한다. ______ jump.
3. 나는 책 한 권을 읽는다. I read ______.
4. 나는 자전거 한 대를 탄다. I ride ______.
5. 나는 개 한 마리가 짖는 것을 봤다. I saw ______ barking.
6. 나는 가게에서 모자들을 봤다. I saw ______ in the store.

Pop-up Quiz

맞는 말에 동그라미 하세요.

명사의 수가 하나일 때 (a나 an을 단어 앞에 | s를 단어 뒤에) 붙입니다.

Unit 4

복수 명사 (-s, -es)

pencils *vs* watches

강의 보기 2-4

개념 & 내용

명사의 수가 여러 개인 경우를 나타낼 때는 뒤에 s나 es를 붙인다고 했죠?

앞에서 배웠듯이 주로 단어 뒤에 s를 붙이는데, 어떤 경우는 es를 붙이기도 한답니다.

이번에는 es를 붙이는 경우에 대해 알아보아요.

① 명사의 수가 여러 개인 경우 명사 뒤에 주로 **s**를 붙이고, '**명사 + S**'라고 쓴다고 배웠어요.

two pencil**s** 연필 두 자루

two cup**s** 컵 두 개

② 명사 뒤에 **es**를 붙여서 명사의 수가 여러 개임을 나타내기도 하는데요.
명사가 **ch**, **o**, **s**, **sh**, **x**로 끝나는 경우 '**명사 + es**'라고 쓴답니다. (o로 끝나지만 s를 붙이는 단어도 있어요. pianos)

two watch**es** 손목시계 두 개

two brush**es** 붓 두 개

three bus**es** 버스 세 대

③ 명사의 수가 하나일 때와 여러 개인 경우 어떻게 나타내는지를 배웠는데요.
하나일 때는 **a**, **an**을 명사 앞에, 여러 개인 경우는 **s**, **es**를 명사 뒤에 쓴답니다.

하나	여러 개 ➡ 대부분의 명사 + s	하나	여러 개 ➡ ch, o, s, sh, x로 끝나는 명사 + es
a flag 깃발 한 개	two flags 깃발 두 개	a bench 벤치 한 개	two benches 벤치 두 개
a bag 가방 한 개	two bags 가방 두 개	a box 상자 한 개	two boxes 상자 두 개
an umbrella 우산 한 개	two umbrellas 우산 두 개	a potato 감자 한 개	two potatoes 감자 두 개

1 아래 단어를 여러 개 나타내는 단어로 바꿔 쓰세요.

하나	여러 개
a glass 유리잔 한 개	glasses 유리잔들
a pencil 연필 한 자루	______ 연필들
a watch 손목시계 한 개	______ 손목시계들
a fox 여우 한 마리	______ 여우들
a tomato 토마토 한 개	______ 토마토들
a dress 드레스 한 벌	______ 드레스들

2 위의 단어들을 이용하여 우리말 뜻에 맞게 문장을 완성하세요.

1. I saw two ______________. 나는 여우 두 마리를 봤다.
2. My mom has many ______________. 내 엄마는 유리잔을 많이 가지고 계신다.
3. I eat three ______________. 나는 토마토 세 개를 먹는다.
4. The girl has two ______________. 그 소녀는 드레스 두 벌을 가지고 있다.
5. I have three ______________. 나는 손목시계 세 개를 가지고 있다.

Step-up

1 그림을 보고, 알맞은 단어를 골라 쓴 다음, 문장을 읽어 보세요.

1

Jenny has three ___dishes___.

dish | dishes

제니는 접시 세 개를 가지고 있다.

She put many ______________ in a ______________.

tomato | tomatoes　　dish | dishes

그녀는 많은 토마토를 접시 한 개에 담는다.

2

Jack has two ______________.

glass | glasses

Jack은 유리잔 두 개를 가지고 있다.

He put water in a ______________.

glass | glasses

그는 물을 유리잔 한 개에 담는다.

3

Amy has five ______________.

potato | potatoes

Amy는 감자 다섯 개를 가지고 있다.

She gives a ______________ to Jenny.

potato | potatoes

그녀는 감자 한 개를 Jenny에게 준다.

4

Mike has five ______________.

peach | peaches

Mike는 복숭아 다섯 개를 가지고 있다.

He shares the ______________ with his friend.

peach | peaches

그는 그 복숭아들을 그의 친구와 나눈다.

1 내용에 맞는 단어를 보기에서 찾아 빈칸에 쓰세요.

보기

back pack	watch	book	cap	
배낭	손목시계	책	야구 모자	
lunch box	sandwiches	peaches	watches	books
도시락	샌드위치들	복숭아들	손목시계들	책들

1 Sally goes to the beach. Sally는 해변에 간다.

2 She wears a red ___cap___ and two ________.
그녀는 빨간 야구 모자 한 개를 쓰고, 손목시계 두 개를 차고 있다.

3 She has a ________.
그녀는 배낭 한 개를 가지고 있다.

4 In her back pack, she has two ________ and a ________.
그녀의 배낭 안에, 그녀는 책 두 권과 점심 도시락을 가지고 있다.

5 In her lunch box, she has three ________ and five ________.
그녀의 점심 도시락 안에, 그녀는 샌드위치 세 개와 복숭아 다섯 개를 가지고 있다.

Pop-up Quiz

맞는 말에 동그라미 하세요.

➲ 명사의 수가 여러 개일 때 (a나 an을 단어 앞에 | s나 es를 단어 뒤에) 붙입니다.

Exercise

학습일 ____ 월 ____ 일　　정답 124쪽

Check 배운 개념 확인하기

A 아래에서 명사를 찾아 동그라미 하세요.

cat 고양이　　book 책　　run 달리다

tomato 토마토　　see 보다　　like 좋아하다　　mom 엄마

park 공원　　desk 책상　　dad 아빠

B 그림을 보고 알맞은 말을 골라 V 하세요.

1 
- ☐ a book
- ☐ books

2 
- ☐ an orange
- ☐ oranges

3 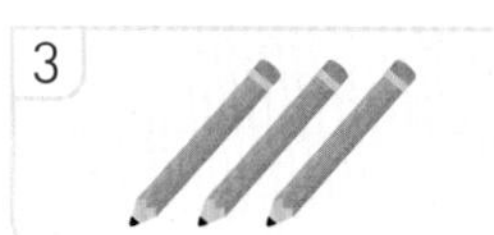
- ☐ a pencil
- ☐ pencils

4 
- ☐ a tomato
- ☐ tomatoes

C 문장을 읽고, 올바른 단어에 동그라미 하세요.

1. **I have many (bags | bages).** 나는 많은 가방들을 가지고 있다.
2. **I saw five (brushs | brushes).** 나는 붓 다섯 개를 봤다.
3. **I eat (a apple | an apple).** 나는 사과 한 개를 먹는다.

D 아래 문장에 해당하는 영어 문장을 고르세요.

1. 나는 책 한 권을 가지고 있다.

   ① I have book.　　② I have an book.　　③ I have a book.

2. 나는 새들을 봤다.

   ① I saw birds.　　② I saw birdes.　　③ I saw an bird.

3. 내 엄마는 우산 한 개를 가지고 있다.

① My mom has a umbrella. ② My mom has an umbrella.

③ My mom has umbrellaes.

Build 문장으로 써 보기

A 그림을 보고, 단어를 알맞게 써 넣으세요.

1 I see two ______________. (brush) 나는 붓 두 개를 본다.

I see two ______________. (watch) 나는 손목시계 두 개를 본다.

2 I see a ______________. (dish) 나는 접시 한 개를 본다.

I see two ______________. (sandwich) 나는 샌드위치 두 개를 본다.

Use 문장 안에서 활용하기

A 틀린 부분을 바르게 고쳐서 문장을 다시 쓰세요.

1. I see a ant. 나는 개미 한 마리를 본다. → ______________________

2. I have five peach. 나는 복숭아 다섯 개를 가지고 있다. → ______________________

B 아래 문장과 일치하는 그림을 고르세요.

A kid eats five cookies and two mangoes.

한 아이가 쿠키 다섯 개와 망고 두 개를 먹는다.

1 

2 

3 

명사 II
noun

WORDS CHECK

America 미국	amusement park 놀이공원	arm 팔	cake 케이크	coat 코트
country 나라	elementary school 초등학교	house 집	island 섬	Korea 한국
own 가지고 있다	party 파티	pencil case 필통	river 강	singer 가수

Jeju Island & Seoul Elementary School

개념 & 내용

강의 보기 3-1

명사는 사람, 장소, 물건, 동물 등의 이름이라고 배웠죠.

그 중에서 '특별한 이름'을 나타내는 말도 있어요. 이것을 고유 명사라고 해요.

'특별한 이름'은 항상 첫 글자를 대문자로 쓰는데요, 무엇이 '특별한 이름'인지 알아보아요.

① 우리는 각자 **자신만을 나타내는 말**이 있어요. 이를 이름이라고 하죠. **내 이름, 친구 이름, 좋아하는 가수 이름** 모두 **'특별한 이름'**이에요. 이 이름들의 **첫 글자**는 언제나 **대문자**로 쓴답니다.

Jenny 제니	Seonghui 성희	Minho 민호

② **딱 하나뿐인 장소의 이름**들도 **'특별한 이름'**이에요. **우리 동네, 도시, 나라, 학교 이름** 그리고 **강, 공원, 섬의 이름**들 모두 말이죠. 이 모든 이름들 역시 **첫 글자**는 **대문자**로 씁니다.

Jeju Island 제주도   Seoul Elementary School 서울초등학교

Han River 한강   Korea 한국

③ 앞에서 배운 명사도 이름이고, 특별한 이름도 이름인데 무엇이 다를까요?
명사는 **우리가 다 아는 이름**이지만, **특별한 이름**은 **세상에 딱 하나인 것**을 가리켜요.

park 공원 → 공원이라는 일반적인 장소를 말하는 이름

Seoul Forest Park 서울 숲 공원 → 세상에 딱 하나인 공원의 이름

→ 특별한 이름이라서 각 단어의 첫 글자를 대문자로 써 준답니다.

Check-up

1 '특별한 이름'에 동그라미 하세요.

park
공원

Olympic Park
올림픽 공원

Busan
부산

city
도시

singer
가수

BTS
방탄소년단

amusement park
놀이공원

Lotte World
롯데월드

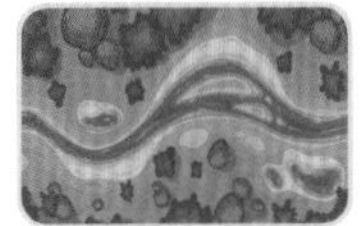

river
강

Han River
한강

Jiyun
지윤

girl
여자아이

boy
남자아이

Minjun
민준

1 아래 문장에서 밑줄 친 부분이 맞으면 O, 틀리면 바르게 고쳐 쓰세요.

1 

I go to seoul elementary school. 나는 서울초등학교에 다닌다.

→ Seoul Elementary School

2 

They went to the Nam river. 그들은 남강에 갔다.

→

3 

I met bts. 나는 방탄소년단을 만났다.

→

4 

My friend's name is Jiyun. 내 친구의 이름은 지윤이다.

→

5 

My brother's name is jack. 내 형의 이름은 Jack이다.

→

6 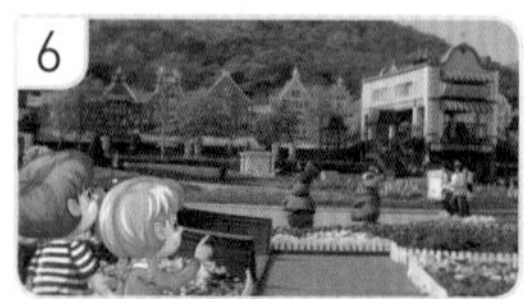

We went to everland. 우리는 에버랜드에 갔다.

→

7 

Ali went to america. Ali는 미국에 갔다.

→

Jump-up

1 주어진 단어들을 알맞게 연결하여 문장을 만들고, 고유 명사(=특별한 이름)에 동그라미 하세요.

1 live | in | I | Seoul | . | 나는 서울에 산다.

→ I live in Seoul.

2 . | see | the Geum River | We | 우리는 금강을 본다.

→

3 Do | go to | you | COEX Mall | ? | 너는 코엑스몰에 가니?

→

4 . | is | My puppy's name | Terry | 내 강아지의 이름은 테리이다.

→

5 Is | Ali | she | ? | 그녀가 Ali이니?

→

6 in Korea | Do | live | ? | you | 너는 한국에 사니?

→

7 like | Many people | Kim Yuna | . | 많은 사람들은 김연아를 좋아한다.

→

음원 듣기 3-1

정답 쓰기 ✓ → 답 맞추기 → 음원 듣기 → 따라 말하기

Pop-up Quiz

명사의 수가 여러 개일 때 단어 뒤에 es를 붙이는 경우는 단어가 ________, ________, ________, ________, ________로 끝날 때입니다.

명사의
소유격

Unit 2

Jake's book, Jenny's bag

개념 & 내용

강의 보기 3-2

사람, 장소, 물건, 동물이 '누구의 것인지' 말하고 싶을 때가 있어요.

소유를 나타낸다고 하는데요. 이렇게 소유를 나타낼 때는 '~의'에 해당되는 명사 뒤에 'ˈs'를 붙이면 된답니다. 이것을 명사의 소유격이라고 합니다.

① '**누구의 것**'인지 나타내려면 '**누구의**'에 해당하는 **명사 뒤**에 **'s**를 붙여요.
즉, '**명사 + 's**'라고 쓰고, 뜻은 '~의'입니다.

Eli's Eli의 ~	**Mom's** 엄마의 ~	**Kevin's** Kevin의 ~

② '**누구의 무엇**'을 나타내고 싶다면 어떻게 하면 될까요?
명사 + 's 뒤에 '**무엇**'에 해당되는 말을 쓰면 돼요.

③ '누구의 것'인지를 나타내는 표현은 꼭 알고 있어야 하는데요.
누가 무엇을 가지고 있는지 알려 주기 때문이랍니다.

명사 + 's (~의)	누가 가지고 있나요?
Eli's dog Eli의 개	**Eli owns a dog.** Eli는 개를 가지고 있어요. (*own 가지고 있다)
Mom's car 엄마의 차	**Mom owns a car.** 엄마는 차를 가지고 있어요.

1 문장을 읽고, '누구의 것'인지 나타내는 말을 찾아서 V 하세요.

1 **Amy owns a fish.** Amy는 물고기를 가지고 있다.

- [ ] Jenny's fish
- [x] Amy's fish

2 **Sam owns a cat.** Sam은 고양이를 가지고 있다.

- [ ] Sam's cat
- [ ] Cathy's cat

3 **Lee owns a pencil.** Lee는 연필을 가지고 있다.

- [ ] Kim's pencil
- [ ] Lee's pencil

4 **Angie owns a hair brush.** Angie는 머리빗을 가지고 있다.

- [ ] Rachel's brush
- [ ] Angie's brush

5 **Marie owns a turtle.** Marie는 거북을 가지고 있다.

- [ ] Amy's turtle
- [ ] Marie's turtle

2 문장을 읽고, 빈칸에 알맞은 말을 쓰세요.

1 **It is Kevin's book.** 그것은 Kevin의 책이다.

Kevin **owns the book.** Kevin은 그 책을 가지고 있다.

2 **It is Yuri's pencil case.** 그것은 유리의 필통이다.

_______ **owns the pencil case.** 유리는 그 필통을 가지고 있다.

3 **It is Ali's house.** 그것은 Ali의 집이다.

_______ **owns the house.** Ali는 그 집을 가지고 있다.

Step-up

1 문장을 읽고, 물건의 주인을 찾아 연결하세요.

1 **Amy's notebook is red.**
Amy의 공책은 빨간색이다.

2 **Jake's notebook is green.**
Jake의 공책은 녹색이다.

3 **Ali's puppy is brown.**
Ali의 강아지는 갈색이다.

4 **Sam's puppy is white.**
Sam의 강아지는 흰색이다.

5 **Stella's bag is blue.**
Stella의 가방은 파란색이다.

a

b

c

d

e

2 위의 문장에서 소유격(= 누구의 것인지 나타내는 말)을 찾아 쓰세요.

1 Amy's

2 ____________________

3 ____________________

4 ____________________

5 ____________________

Jump-up

1 괄호 안의 말을 소유격(=누구의 것인지 나타내는 말)으로 바꿔 쓰세요.

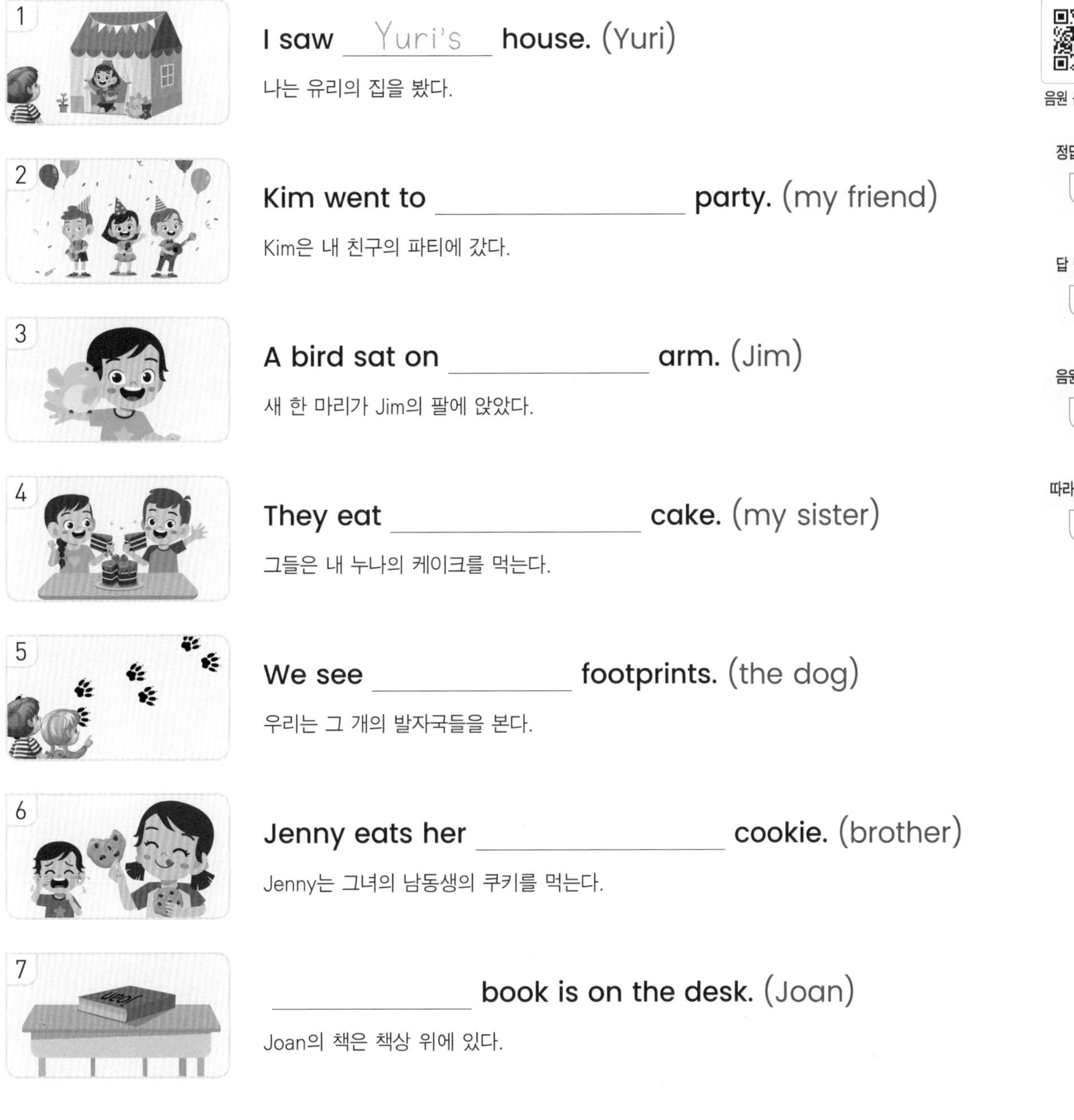

1 I saw Yuri's house. (Yuri)
나는 유리의 집을 봤다.

2 Kim went to ______________ party. (my friend)
Kim은 내 친구의 파티에 갔다.

3 A bird sat on ______________ arm. (Jim)
새 한 마리가 Jim의 팔에 앉았다.

4 They eat ______________ cake. (my sister)
그들은 내 누나의 케이크를 먹는다.

5 We see ______________ footprints. (the dog)
우리는 그 개의 발자국들을 본다.

6 Jenny eats her ______________ cookie. (brother)
Jenny는 그녀의 남동생의 쿠키를 먹는다.

7 ______________ book is on the desk. (Joan)
Joan의 책은 책상 위에 있다.

Pop-up Quiz

아래 명사들 중 고유 명사를 고르세요.

1 book　2 Harry Potter　3 country　4 Seoul　5 Han River

Exercise

학습일 ____ 월 ____ 일　　정답 125쪽

Check 배운 개념 확인하기

A 고유 명사에 V 하세요.

1. country 나라 ______
2. World Cup Park 월드컵 공원 ______
3. China 중국 ______
4. Namhan River 남한강 ______
5. kid 아이 ______
6. school 학교 ______
7. Sam Sam ______

B 소유격을 찾아 밑줄 치세요.

1. I saw Bill's kitten. 나는 Bill의 새끼 고양이를 봤다.
2. Jenny's doll is cute. Jenny의 인형은 귀엽다.
3. I saw my friend's puppy. 나는 내 친구의 강아지를 봤다.

C 밑줄 친 부분 중 틀린 것을 찾아 바르게 고쳐 쓰세요.

1. Hello, my name is <u>Min</u>. I live in <u>korea</u>.
2. I am 9 years old. I go to <u>seoul elementary school</u>.
3. My school is in <u>seoul</u>.

D 우리말 뜻과 일치하는 문장을 찾아 연결하세요.

1. 그것은 Terry의 물병이다.

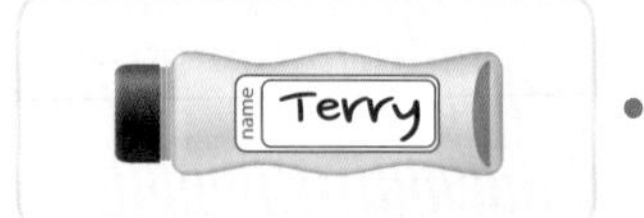

- ⓐ It is water bottle Terry's.
- ⓑ It is Terrys' water bottle.
- ⓒ It is Terry's water bottle.

2. 그것들은 소라의 색연필들이다.

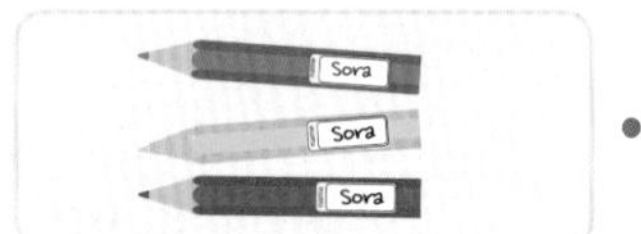

- ⓐ They are Sora's color pencils.
- ⓑ They are Soras' color pencils.
- ⓒ They are Sora' color pencils.

3. 그것은 Jun의 야구방망이이다.

- ⓐ It is Juns' baseball bat.
- ⓑ It is Jun's baseball bat.
- ⓒ It is Jun' baseball bat.

Build 문장으로 써 보기

A 그림을 보고, 괄호 안의 단어를 알맞게 바꿔 빈칸에 쓰세요.

1 

This is ______________ pencil case. (Mina)

이것은 미나의 필통이다.

2 

This is ______________ eraser. (Wendy)

이것은 Wendy의 지우개이다.

3 

I went to ______________ . (england)

나는 영국에 갔다.

B 주어진 단어들을 알맞게 연결하여 문장을 만드세요.

1 

lives in | My friend | New Zealand. | 내 친구는 뉴질랜드에 산다.

→ ____

2 

a big city. | Busan | is | 부산은 큰 도시이다.

→ ____

3 

Mike's | It is | cat. | 그것은 Mike의 고양이이다.

→ ____

Use 문장 안에서 활용하기

A 아래 문장과 일치하는 그림을 고르세요.

I saw Nick's white cat. 나는 Nick의 하얀 고양이를 봤다.

1 

2 

3 

동사
verb

WORDS CHECK

dance 춤추다	dinner 저녁 식사	eat 먹다	hate 싫어하다	laugh 웃다
mop 걸레로 닦다	nap 낮잠을 자다	pick 집다	play (악기를) 연주하다	read 읽다
ride ~을 타다	sing 노래를 하다	spaghetti 스파게티	swim 수영하다	water 물을 주다

Unit 1

run, swim, dance

강의 보기 4-1

개념 & 내용

책을 펴서 책을 읽고, 친구들과 뛰어놀고, 집에 와서 밥을 먹는 등의 '움직임을 나타내는 말'을 동사(verb)라고 해요. 동사는 문장에서 중요한 일을 담당하는데요. 바로 주어가 (무엇을) 하는지 나타내기 때문이랍니다.

① 두 다리로 움직이는 동작은 모두 **동사**예요.

I **walk** to school. 나는 학교에 걸어간다.

I **run**. 나는 달린다.

I **kick** the soccer ball. 나는 축구공을 발로 찬다.

② 두 손을 써서 움직이는 동작도 **동사**랍니다.

You **clap** your hands. 너는 손뼉을 친다.

You **hit** the ball. 너는 (손으로) 공을 친다.

You **hold** a pen. 너는 펜을 잡는다.

③ 몸을 써서 움직이는 모든 행동은 **동사**이지요.

I **swim**. 나는 수영한다.

I **dance**. 나는 춤춘다.

I **laugh**. 나는 웃는다.

Check-up

1 아래 단어들 중 '동작을 나타내는 말'을 찾아 동그라미 하세요.

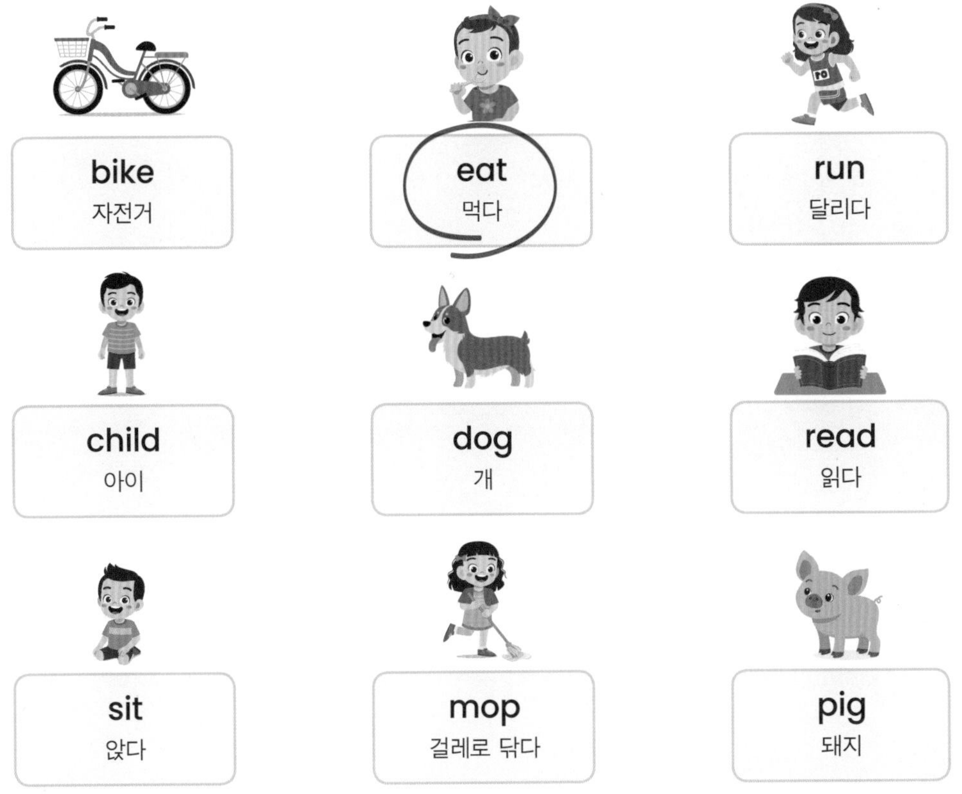

2 위에서 찾은 '동작을 나타내는 말'을 빈칸에 알맞게 쓰세요.

1. I ___eat___ spaghetti. 나는 스파게티를 먹는다.
2. We ________ fast. 우리는 빨리 달린다.
3. The children ________ the books. 그 아이들은 책들을 읽는다.
4. I ________ . 나는 걸레로 닦는다.
5. We ________ . 우리는 앉는다.

Step-up

1 동사(=동작을 나타내는 말)를 찾아 동그라미 하고 빈칸에 쓰세요.

1 

The rabbits hop.
그 토끼들은 깡충깡충 뛴다.

hop

2 

I run up the hill.
나는 언덕을 뛰어 올라간다.

______

3 

I see a tree.
나는 나무를 본다.

______

4 

The kids walk.
그 아이들은 걷는다.

______

5 

The cat naps.
그 고양이는 (낮잠을) 잔다.

______

6 

I like flowers.
나는 꽃들을 좋아한다.

______

7 

My friends hate the story.
내 친구들은 그 이야기를 싫어한다.

______

1 보기의 동사를 읽어 보고, 빈칸에 알맞은 단어를 쓰세요. (각 단어는 두 번씩 쓰세요.)

보기

play (악기를) 연주하다　ride 타다　water 물을 주다

음원 듣기 4-1

정답 쓰기 → 답 맞추기 → 음원 듣기 → 따라 말하기

1 I play the piano.
나는 피아노를 연주한다.

2 I ________ the plant.
나는 그 식물에 물을 준다.

3 We ________ horses.
우리는 말들을 탄다.

4 I ________ the violin.
나는 바이올린을 연주한다.

5 They ________ bikes.
그들은 자전거들을 탄다.

6 They ________ the flowers.
그들은 꽃들에게 물을 준다.

Pop-up Quiz

'누구의 것'인지를 나타내는 소유격을 찾아 동그라미 하세요.

1 Maria's　2 the cat　3 America　4 Charlie's

Unit 2

walk *vs* walks go *vs* goes

강의 보기 4-2

개념 & 내용

동사로 '지금 일어난 일'에 대해 말하기도 해요.

주어에 따라 동사의 모양이 달라지는데요.

동사 모양을 바꾸지 않고 그대로 쓰기도 하지만, 동사 뒤에 s나 es를 붙이기도 해요.

① 주어가 I, you이거나 we, they처럼 **여러 명, 여러 개**이면 **동사 모양 그대**로 써요.
다른 말로 **동사의 현재형**을 쓴다고 해요.

I walk. 나는 걷는다.

The kids go home. 그 아이들은 집에 간다.

Three cats go home. 고양이 세 마리가 집에 간다.

② 주어가 he, she, it처럼 **한 명, 한 개**이면 주로 **동사 뒤**에 s를 붙여서 '**동사 + s**'로 써요.

He walks. 그는 걷는다.

A kid walks. 아이 한 명이 걷는다.

A dog walks. 개 한 마리가 걷는다.

③ 주어가 he, she, it처럼 한 명, 한 개일 때 동사에 es를 붙이는 경우도 있어요.
바로 동사가 **ch, o, s, sh, x**로 **끝날 때**인데, 이때는 동사 뒤에 es를 붙여서 '**동사 + es**'로 써요.

He goes home. 그는 집에 간다.

A girl brushes her hair. 여자아이 한 명이 머리를 빗는다.

A cat touches the food. 고양이 한 마리가 그 음식을 만진다.

아래 단어들은 '지금 일어난 일'을 나타내는 동사예요.

walk / walks

dance / dances

watch / watches

touch / touches

sing / sings

1 위의 동사 중 주어에 알맞은 것을 찾아 빈칸에 쓰세요.

I, You , They, Kids, Many people …	He, She, It
walk	walks

2 위의 동사 중 알맞은 것을 골라 빈칸에 쓰세요.

1. She ___watches___ the animation. 그녀는 그 만화 영화를 본다.
2. They ________ together. 그들은 함께 춤춘다.
3. He ________ everyday. 그는 매일 걷는다.
4. The children ________ the dog. 아이들은 그 개를 만진다.
5. She ________ a song. 그녀는 노래를 부른다.

Step-up

1 알맞은 동사(= 동작을 나타내는 말)를 골라 동그라미 하고, 문장을 다시 쓰세요.

1 

She (walk | walks) to the mountain. 그녀는 산으로 걸어간다.

→ She walks to the mountain.

2 

Many children (like | likes) Toy Story. 많은 아이들이 Toy Story를 좋아한다.

→

3 

He (wash | washes) his hands. 그는 손을 씻는다.

→

4 

A frog (jump | jumps) on the land. 개구리 한 마리가 땅 위로 점프한다.

→

5 

They (look | looks) at the blue sky. 그들은 파란 하늘을 본다.

→

6 

She (touch | touches) the flower. 그녀는 그 꽃을 만진다.

→

7 

Jake (live | lives) in Korea. Jake는 한국에 산다.

→

1 괄호 안의 동사(=동작을 나타내는 말)를 알맞게 바꿔 빈칸에 쓰세요.

음원 듣기 4-2

정답 쓰기 ✓ → 답 맞추기 → 음원 듣기 → 따라 말하기

1 Jenny plays with the kitten. (play)
Jenny는 그 새끼 고양이와 논다.

2 It ________ up high. (jump)
그것은 높이 점프한다.

3 A puppy ________ along the road. (walk)
강아지 한 마리가 길을 따라 걷는다.

4 The boy ________ at the little puppy. (look)
그 남자아이는 작은 강아지를 본다.

5 He ________ the kitten. (touch)
그는 그 새끼 고양이를 만진다.

6 She ________ her hair. (brush)
그녀는 머리를 빗는다.

7 Peter ________ in America. (live)
Peter는 미국에 산다.

Pop-up Quiz

무엇이 동사일까요? 찾아서 동그라미 하세요.

book 책 jump 점프하다 chair 의자 smile 미소 짓다 notebook 공책

Unit 3

jump *vs* jumped

강의 보기 4-3

개념 & 내용

어제 일어난 일, 일 년 전에 일어난 일, 아까 일어난 일 …

이렇게 '지나간 일'들에 대해 동사로 어떻게 나타낼까요?

동사에 ed를 붙이거나 동사의 모양이 변해요. 동사마다 다르답니다.

① '지나간 일'을 나타낼 때는 주로 동사에 ed를 붙여 '동사 + ed'로 쓰고요. 뜻은 '~했다'가 된답니다. e로 끝나는 동사는 d만 붙여 쓰는 것에 주의하세요.

지나간 일을 나타내는 말을 동사의 과거형이라고 해요.

I jumped. 나는 점프했다.

I watched TV. 나는 TV를 봤다.

The kids yelled. 그 아이들은 소리쳤다.

② '지나간 일'을 나타낼 때, 동사의 모양이 변하는 경우도 있어요. 이러한 단어들은 잘 기억해 두어야 한답니다.

I ate dinner. 나는 저녁을 먹었다. (eat 먹다 / ate 먹었다)

I ran. 나는 달렸다. (run 달리다 / ran 달렸다)

We went to the park. 우리는 공원에 갔다. (go 가다 / went 갔다)

1 아래 단어 중 '지나간 일을 나타내는 말'을 골라 동그라미 하고, 빈칸에 쓰세요.

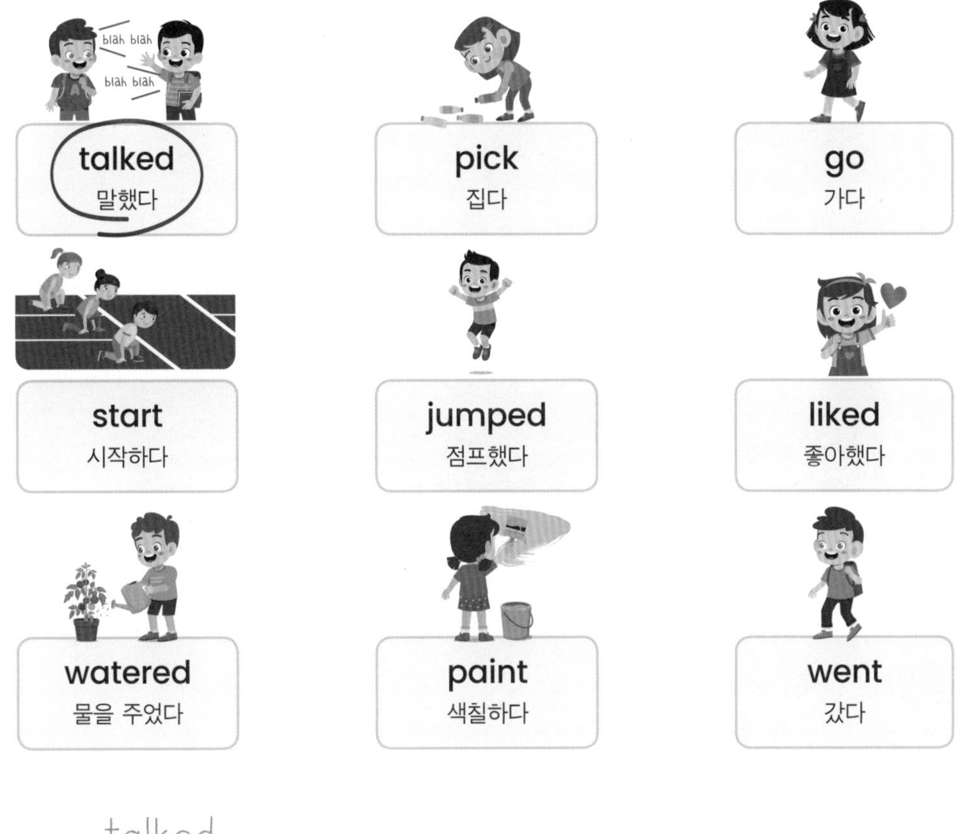

talked ______ ______

______ ______

2 아래 문장을 읽고, '지나간 일을 나타내는 말'을 찾아 동그라미 하세요.

1. I opened the door.
2. They looked at me.
3. I called my dog.
4. We ran to school.
5. Ali ate the apple.

Step-up

1 아래 문장에서 동사를 찾아 동그라미 하고, 동사의 과거형(=지나간 일을 나타내는 말)으로 바꿔 문장을 다시 쓰세요.

1 

I listen to the music.
나는 음악을 듣는다.

→ I listened to the music.
나는 음악을 들었다.

2 

We watch TV.
우리는 TV를 본다.

→ ______________________
우리는 TV를 봤다.

3 

I look at the sky.
나는 하늘을 본다.

→ ______________________
나는 하늘을 봤다.

4 

We go to school.
우리는 학교에 간다[다닌다].

→ ______________________
우리는 학교에 갔다[다녔다].

5 

The kids dance.
그 아이들은 춤춘다.

→ ______________________
그 아이들은 춤췄다.

6 

They eat pasta.
그들은 파스타를 먹는다.

→ ______________________
그들은 파스타를 먹었다.

7 

We run fast.
우리는 빨리 달린다.

→ ______________________
우리는 빨리 달렸다.

Jump-up

1 괄호 안의 단어를 동사의 과거형(=지나간 일을 나타내는 말)으로 바꿔 빈칸에 쓰세요.

음원 듣기 4-3

정답 쓰기 → 답 맞추기 → 음원 듣기 → 따라 말하기

1 Terry and Sam ___played___ ball. (play)
Terry와 Sam은 공놀이를 했다.

2 We __________ to the park. (walk)
우리는 공원에 걸어갔다.

3 I __________ for my notebook. (look)
나는 내 공책을 (어디에 있는지) 찾았다.

4 It __________ to rain. (start)
비가 오기 시작했다.

5 My puppy __________ up and down. (jump)
내 강아지는 위아래로 점프했다.

6 I __________ my sister, Sally. (call)
나는 내 언니 Sally를 불렀다.

Sally!

7 I __________ the soccer ball. (kick)
나는 그 축구공을 (발로) 찼다.

Pop-up Quiz

아래의 말들과 함께 쓸 수 있는 것에 동그라미 하세요.

1 I | you | we | they (cook | cooks) 나 | 너 | 우리 | 그들은 | 요리를 한다

2 He | She | It (walk | walks) 그 | 그녀 | 그것은 | 걷는다

Exercise

학습일 ____ 월 ____ 일

정답 127쪽

Check 배운 개념 확인하기

A 아래 단어 중 동사를 찾아 동그라미 하세요.

like 좋아하다	**go** 가다	**school** 학교	**house** 집	**jump** 점프하다	
road 길	**store** 가게	**walk** 걷다	**play** 놀다	**see** 보다	**hill** 언덕

B 동사의 현재형과 과거형의 짝이 맞는 것을 골라 V 하세요.

1. ① **go - goed** ② **go – went** ③ **go - goes**
2. ① **talk - talked** ② **talk - talkd** ③ **talk - talks**
3. ① **run - runned** ② **run - ran** ③ **run - runs**

C 우리말 뜻에 맞는 문장을 고르고, 따라 읽어 보세요.

1. 우리는 함께 논다.
   ① **We play together.** ② **We plays together.**
2. 그녀는 그 상자를 집는다.
   ① **She pick the box.** ② **She picks the box.**
3. Amy는 교회에 간다.
   ① **Amy go to church.** ② **Amy goes to church.**

D 문장의 내용에 맞는 단어를 골라 동그라미 하고, 문장을 읽어 보세요.

1. **Yesterday, I (climb | climbed) a tree.** 어제, 나는 나무에 올라갔다.
2. **Now, I (climb | climbed) a tree.** 지금, 나는 나무에 올라간다.
3. **Yesterday, the girl (watches | watched) the animation.**
   어제, 그 여자아이는 만화 영화를 봤다.
4. **Now, the girl (watches | watched) the animation.**
   오늘, 그 여자아이는 만화 영화를 본다.

Build 문장으로 써 보기

A 괄호 안의 단어를 알맞게 바꿔 빈칸에 쓰세요.

1. **Yesterday, I ____________ the flower.** (water)
어제, 나는 그 꽃에 물을 주었다.

2. **Now, he ____________ the cup.** (wash)
지금, 그는 그 컵을 씻는다.

3. **Yesterday, Sally ____________ cookies.** (eat)
어제, Sally는 쿠키들을 먹었다.

4. **Now, she ____________ a game.** (play)
지금, 그녀는 게임을 한다.

Use 문장 안에서 활용하기

A 밑줄 친 부분을 바르게 고쳐서 문장을 쓰고, 읽어 보세요.

1. **Yuri like the book.** 유리는 그 책을 좋아한다. → ____________________
2. **I lives in Seoul.** 나는 서울에 산다. → ____________________
3. **Yesterday, they call me.** 어제 그들은 나를 불렀다. → ____________________
4. **Yesterday, I help my mom.** 어제 나는 내 엄마를 도와주었다. → ____________________

B 주어진 동사(wash / eat)를 과거형 또는 현재형으로 바꿔 빈칸에 쓰고, 각 문장의 내용과 일치하는 그림을 찾아 ( ) 안에 번호를 쓰세요.

Yesterday, my brother __________ his hands. He __________ spaghetti. (   )

Today, my sister __________ her hands. She __________ pizza. (   )

1 

2 

3 

4 

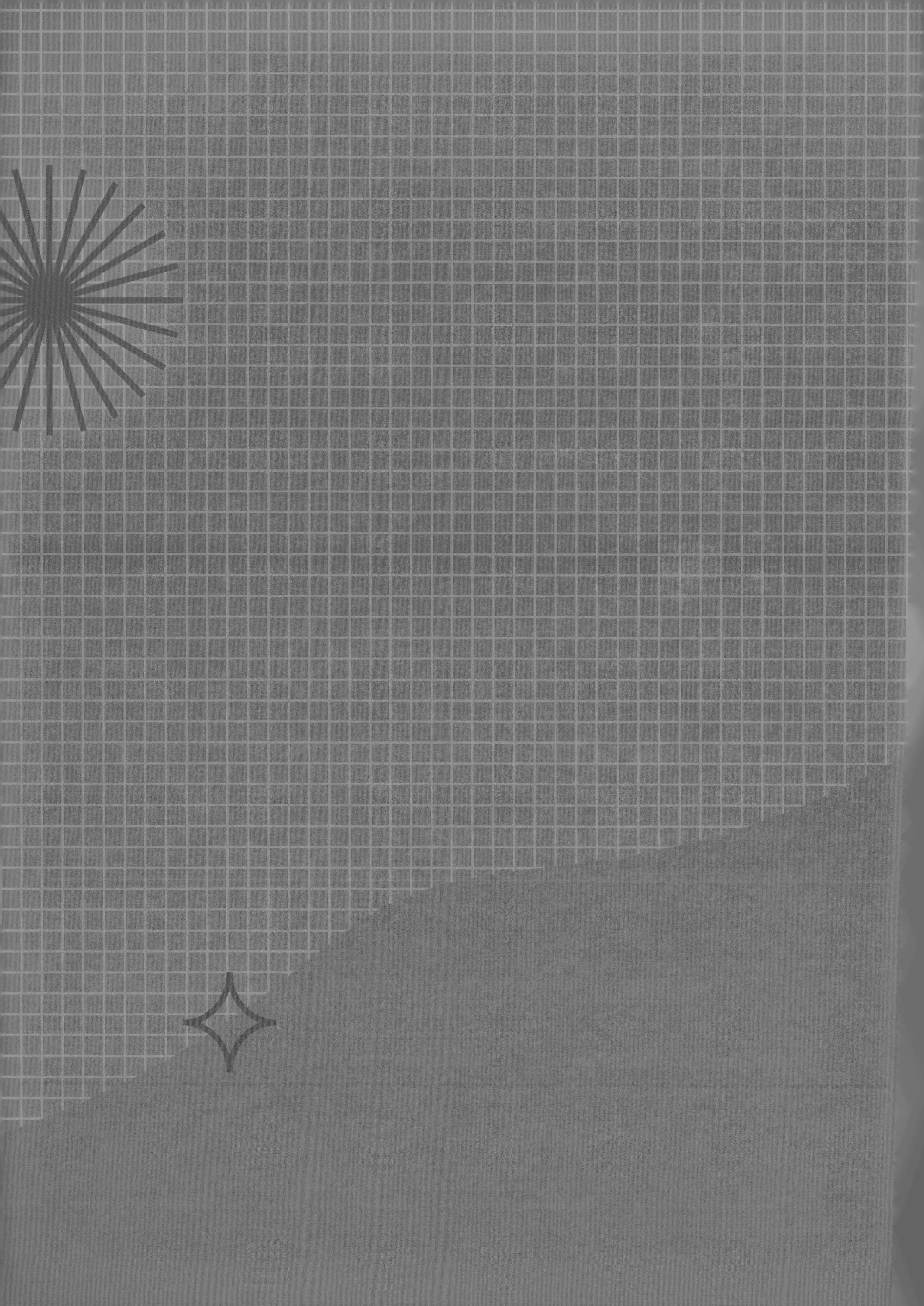

Chapter

대명사

pronoun

WORDS CHECK

brother 형, 오빠, 남동생	clean 깨끗한	dress 드레스	green 녹색	grey 회색
home 집	meal 식사	nest 둥지	pink 분홍색	purple 보라색
pretty 예쁜	tail 꼬리	truck 트럭	white 하얀색	yellow 노란색

Unit 1

인칭 대명사 (주격)

I, you, he, she, it, we, they

개념 & 내용

강의 보기 5-1

이미 말한 것을 대신 부르는 말을 대명사(pronoun)라고 해요. 영어에서는 앞에서 말한 명사를 반복하는 것을 싫어하기 때문에 반복하지 않고 대신 부르는 말을 이용해요. '나, 너, 우리'처럼 사람을 대신하는 말과 '그것, 그것들'처럼 물건을 대신하는 말에 대해 배워 볼게요.

① 주어의 자리에 오는 대명사는 I(나는), you(너는, 너희들은), he(그는), she(그녀는), we(우리는), they(그들은)인데요. 주로 **사람 대신 쓰는 말**들이고, **인칭 대명사의 주격**이라고 해요.

I는 항상 대문자로 써요

I like the book. 나는 그 책을 좋아한다.

You have a bag. 너는 가방 한 개를 가지고 있다.

You have bags. 너희들은 가방들을 가지고 있다.

He is a student. 그는 학생이다.

She is a student. 그녀는 학생이다.

We are good friends. 우리는 좋은 친구들이다.

They walk. 그들은 걷는다.

② it도 주어 자리에 오는 대명사이고, '**그것**'이라는 뜻이에요.
it은 **동물**, **물건** 등을 대신해서 쓰고, **하나**일 때만 쓴답니다.

It is a cat. 그것은 고양이 한 마리이다.

③ they는 사람에 쓰지만 물건, 동물, 장소를 대신해서도 쓸 수 있어요.
단, 여러 명, 여러 개일 때 써요.

They are cats. 그것들은 고양이들이다.

Check-up

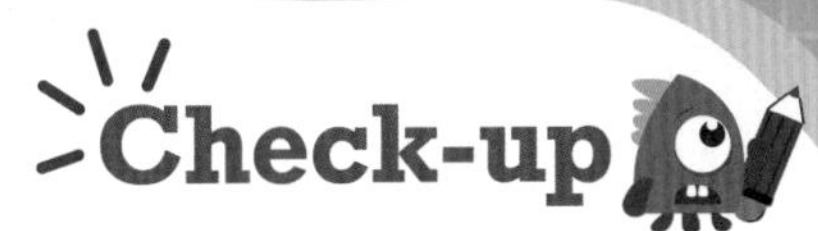

1 보기에서 '명사 대신 부르는 말'을 찾아 동그라미 하고, 빈칸에 알맞게 쓰세요.

보기
walk Sam it red we friends
he she desks they like you(x2) I

우리말 뜻	명사 대신 부르는 말	우리말 뜻	명사 대신 부르는 말
나	I	그	
너		그녀	
너희들		그것	
우리		그들	

2 주어진 말에 알맞은 대명사를 연결하세요.

1 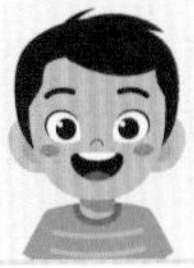 The boy 그 남자아이 — a It

2 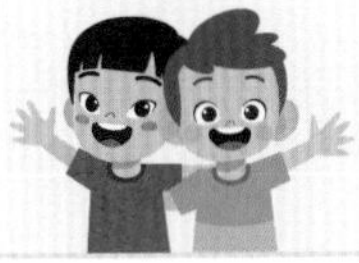 My friend and I 내 친구와 나 — b He

3 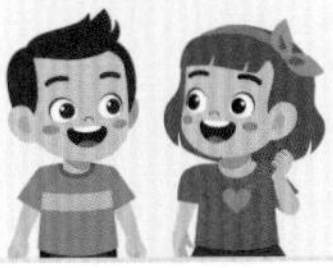 Kevin and Yuri Kevin과 유리 — c They

4 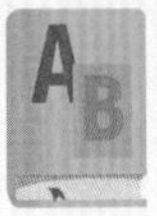 The book 그 책 — d We

5 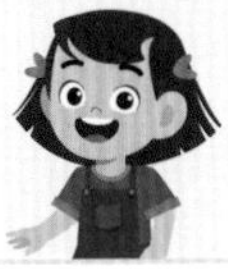 A girl 여자아이 한 명 — e She

Step-up

1 밑줄 친 말과 바꿀 수 있는 대명사(=명사 대신 쓰는 말)를 보기에서 골라 빈칸에 쓰세요.

보기	He(x2)	She(x2)	It	They	We(x2)

1. Dad reads a book. 아빠는 책을 읽는다.
   → He reads a book.

2. Lisa and I went to school. Lisa와 나는 학교에 갔다.
   → ________ went to school.

3. The girl can jump high. 그 여자아이는 높이 점프할 수 있다.
   → ________ can jump high.

4. Min and Jenny play games. Min과 Jenny는 게임을 한다.
   → ________ play games.

5. A bird sings. 새 한 마리가 노래한다.
   → ________ sings.

6. Jim likes to run. Jim은 달리는 것을 좋아한다.
   → ________ likes to run.

7. Alice and I like to read books. Alice와 나는 책 읽는 것을 좋아한다.
   → ________ like to read books.

8. Sara went to the park. Sara는 공원에 갔다.
   → ________ went to the park.

Jump-up

1 밑줄 친 말과 바꿀 수 있는 대명사(=명사 대신 쓰는 말)를 보기에서 고라 문장을 다시 쓰세요.

보기	It	They	He	We	She

음원 듣기 5-1

정답 쓰기 ☑ → 답 맞추기 ☐ → 음원 듣기 ☐ → 따라 말하기 ☐

1 Jack has a truck. Jack은 트럭 한 대를 가지고 있다.

→ He has a truck.

2 Jenny and I like to run. Jenny와 나는 달리는 것을 좋아한다.

→ ______

3 Ann can sing. Ann은 노래할 수 있다.

→ ______

4 Chan and Min watch TV. Chan과 Min은 TV를 본다.

→ ______

5 A puppy sleeps. 강아지 한 마리가 잔다.

→ ______

Pop-up Quiz

동사의 과거형으로 바꿔 쓰세요.

1 talk 말하다 → ______ 말했다

1 smile 미소짓다 → ______ 미소지었다

인칭 대명사
(소유격)

Unit 2

my, your, our, his, her, their

개념 & 내용

강의 보기 5-2

대명사 중 누구의 것인지를 나타내는 말이 있어요. '이건 내 책이야.' '저건 우리들 책이고!'처럼
'~의 무엇'이라고 표현하는 말에서 '~의'라는 부분인데요.
이렇게 누구의 것인지 알려 주는 말을 인칭 대명사의 소유격이라고 합니다.

① my(내 / 나의), your(네 / 너의 / 너희들의), his(그의), her(그녀의), our(우리의), their(그들의 / 그것들의) 모두 사람 대신 써서 누구의 것인지 알려 주는 말이에요. 이 말 뒤에는 꼭 명사가 따라오는데요. 가지고 있거나 함께하고 있는 사람, 장소, 물건, 동물의 이름을 쓴답니다.

It is **my** book. 그것은 내 책이다.

It is **your** book. 그것은 네 책이다.

They are **our** books. 그것들은 우리의 책들이다.

It is **her** bag. 그것은 그녀의 가방이다.

They are **their** bags. 그것들은 그들의 가방들이다.

② its(그것의), their(그것들의)라는 뜻으로, 사람이 아닌 장소, 물건, 동물의 자리에 쓰는 말들이에요. 물론 their는 사람 대신 쓸 수도 있는 것 기억하죠? 이 말들 뒤에도 명사가 따라와요.

The ball is **its** toy. 그 공은 그것의 장난감이다.

It is **their** house. 그것은 그것들의 집이다.

1 누구의 것인지 나타내는 말을 찾아 동그라미 하세요.

1

Her bag is pink.
그녀의 가방은 분홍색이다.

2

Our notebooks are green.
우리의 공책들은 녹색이다.

3

Your pencil is grey.
네 연필은 회색이다.

4

My hat is purple.
내 모자는 보라색이다.

5

His book is red.
그의 책은 빨간색이다.

6

Their caps are white.
그들의 야구 모자들은 하얀색이다.

7

Its tail is brown.
그것의 꼬리는 갈색이다.

2 위에서 찾은 말을 우리말 뜻에 맞게 빈칸에 쓰세요.

누구의 것인지 알려 주는 말	우리말 뜻
	내 / 나의
	네 / 너의 / 너희들의
	우리의
	그의

누구의 것인지 알려 주는 말	우리말 뜻
her	그녀의
	그들의 / 그것들의
	그것의

Step-up

1 그림을 보고, 뜻에 맞게 빈칸에 들어갈 말과 연결하세요.

1. It is ____________.
그것은 그의 가방이다.

2. It is ____________.
그것은 내 장난감이다.

3. They are ____________.
그것들은 우리의 책들이다.

4. It is ____________.
그것은 내 인형이다.

5. It is ____________.
그것은 네 연필이다.

6. It is ____________.
그것은 그녀의 컵이다.

7. They are ____________.
그것들은 그들의 오렌지들이다.

a her cup

b their oranges

c my doll

d his bag

e your pencil

f my toy

g our books

1 그림을 보고, 주어진 단어들을 알맞게 연결하여 문장을 만드세요.

음원 듣기 5-2

정답 쓰기 → 답 맞추기 → 음원 듣기 → 따라 말하기

1 your | They | are | books. | 그것들은 너희들의 책들이다.

2 It | my | bag. | is | 그것은 내 가방이다.

→ ______________________

3 He | our | is | teacher. | 그는 우리의 선생님이다.

→ ______________________

4 It | your | is | cap. | 그것은 네 야구 모자이다.

→ ______________________

5 He | her | brother. | is | 그는 그녀의 오빠이다.

→ ______________________

6 is | It | his | pencil. | 그것은 그의 연필이다.

→ ______________________

7 is | its | nest | It | 그것은 그것의 둥지이다.

→ ______________________

Pop-up Quiz

아래 말을 We(우리) 또는 You(너희들)로 바꾸세요.

1 You and I = (   ) 2 Joe and I = (   ) 3 You and Joe = (   )

Exercise

학습일 ____ 월 ____ 일　　정답 128쪽

Check 배운 개념 확인하기

A 아래 그림을 보고, 빈칸에 알맞은 대명사를 쓰세요.

I	you(x2)	he	she	it	they	we

1 나 ________

2 너 ________

3 우리 ________

4 너희들 ________

5 그들 ________

6 그 ________

7 그녀 ________

8 그것 ________

B 아래 그림을 보고, 알맞은 말에 동그라미 하세요.

1

(his | her) cap
그의 야구 모자

2

(my | our) caps
우리의 야구 모자들

3

(their | her) hat
그녀의 모자

4

(my | their) bag
내 가방

5

(their | your) bag
네 가방

6

(our | its) bed
그것의 침대

7

(her | their) hats
그들의 모자들

C 괄호 안의 대명사 중 알맞은 것에 동그라미 하고, 문장을 읽어 보세요.

1. (I, My) mom loves me.
   내 엄마는 나를 사랑하신다.
2. (They, Their) are my friends.
   그들은 내 친구들이다.
3. (We, Our) dog is cute.
   우리의 개는 귀엽다.
4. (You, Your) are a student.
   너는 학생이다.
5. (He, his) is a student.
   그는 학생이다.
6. (It, Its) color is yellow.
   그것의 색은 노란색이다.
7. (She, Her) dress is pretty.
   그녀의 드레스는 예쁘다.

Build 문장으로 써 보기

A 그림을 보고, 주어진 단어를 알맞게 연결하여 문장을 만드세요.

1 

my | dog. | It | is | 그것은 내 개이다.

→ ____________________

2 

They | flowers. | are | your | 그것들은 네 꽃들이다.

→ ____________________

3 

their | are | pencils. | They | 그것들은 그들의 연필들이다.

→ ____________________

4 

her | It | is | doll. | 그것은 그녀의 인형이다.

→ ____________________

Use 문장 안에서 활용하기

A 아래 문장과 일치하는 그림을 고르세요.

They are his books.
그것들은 그의 책들이다.

1 

2 

3 

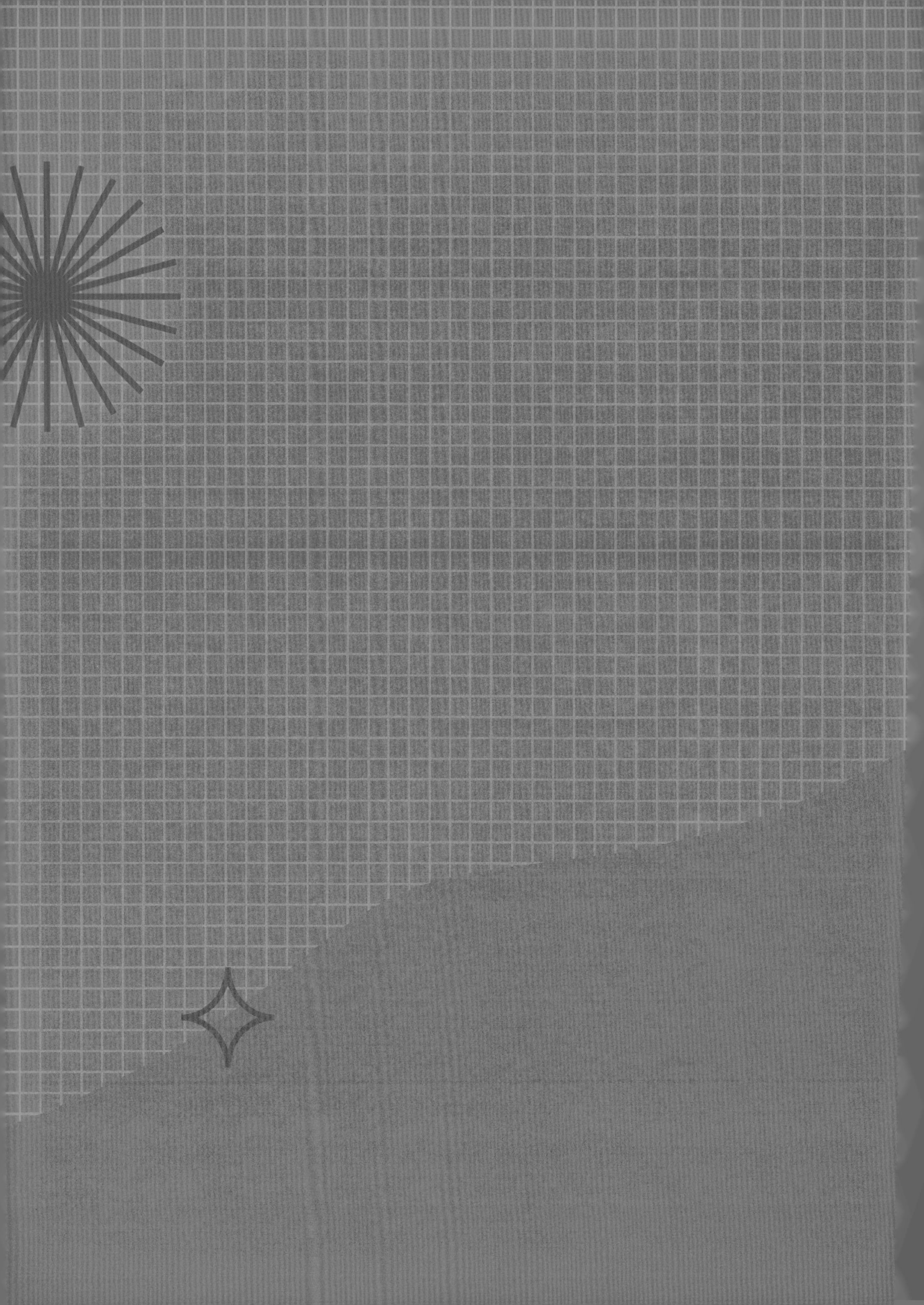

지시 대명사
demonstrative pronoun

& 형용사
adjective

WORDS CHECK

angry 화난	bicycle 자전거	blue 파란색	duck 오리	fruit 과일
giraffe 기린	huge 거대한	mole 두더지	pillow 베개	pretty 예쁜
ribbon 리본	squirrel 다람쥐	tiny 아주 작은	wet 젖은	yell 소리 지르다

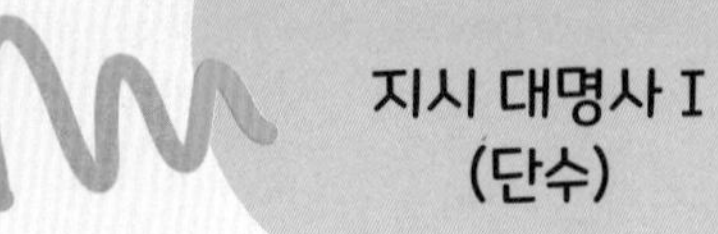

Unit 1

this vs that

개념 & 내용

대명사는 명사 대신 쓰는 말로, 여러 종류가 있다고 했어요.

앞에서 배운 인칭 대명사 말고 또 어떤 것이 있을까요? '이것, 저것'을 가리키는 말들이 있는데, 이런 것들을 지시 대명사(demonstrative pronoun)라고 해요. 이번에는 this, that에 대해 배워 볼게요.

① **this**는 '말하는 사람'으로부터 **가까이 있는 것**을 가리키는 말이에요. 뜻은 **'이것'**이고요. 사람 한 명, 물건 한 개, 이렇게 **'하나'**를 가리킬 때 사용해요.

② **that**은 '말하는 사람'으로부터 **멀리 있는 것**을 가리키는 말로, **'그것, 저것'**이라는 뜻이에요. 역시 **'하나'**를 가리킬 때 사용해요.

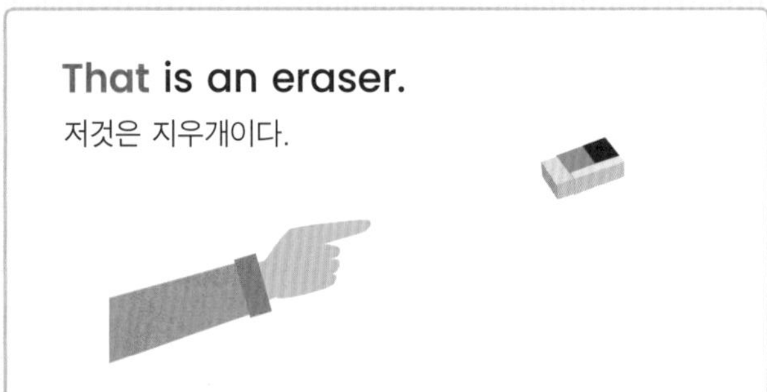

1 아래 문장을 읽고, 가리키는 것이 가까이 있는지 멀리 있는지 알맞은 것과 연결하세요.

1 **That is a hat.** 저것은 모자이다.		가까이 있는 것 / 멀리 있는 것
2 **This is a dog.** 이것은 개이다.		가까이 있는 것 / 멀리 있는 것
3 **This is a chair.** 이것은 의자이다.		가까이 있는 것 / 멀리 있는 것
4 **That is a desk.** 저것은 책상이다.		가까이 있는 것 / 멀리 있는 것

2 그림을 보고, 맞는 문장과 연결하세요.

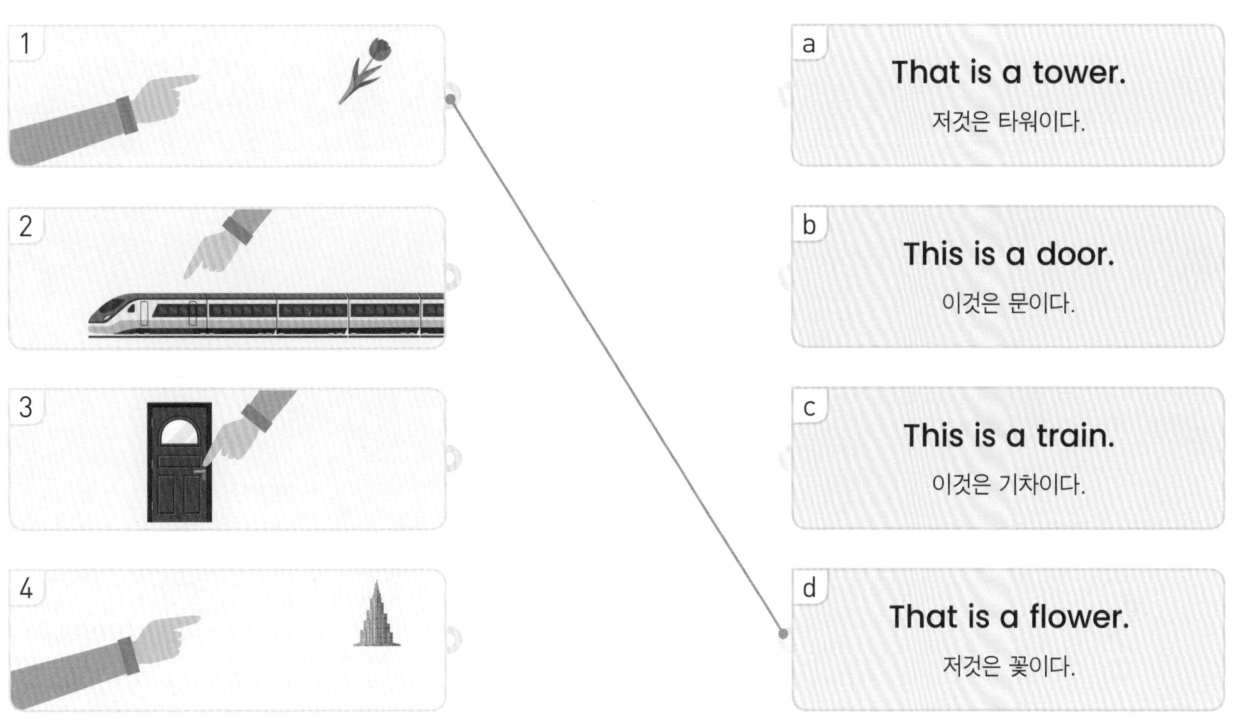

Step-up

1 그림을 보고, this와 that 중 빈칸에 알맞은 것을 쓰세요.

1 

That is a truck.
저것은 트럭이다.

2 

______ is a bicycle.
이것은 자전거이다.

3 

______ is an apple.
이것은 사과이다.

4 

______ is a bunny.
저것은 토끼이다.

5 

______ is a pillow.
저것은 베개이다.

2 그림과 문장의 내용이 일치하면 O, 일치하지 않으면 X 하세요.

1 

This is a ball. (X)
이것은 공이다.

2 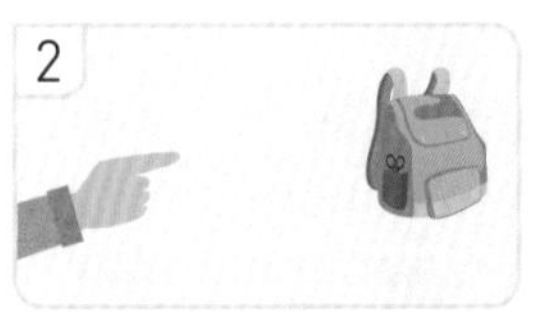

That is a bag. (   )
저것은 가방이다.

3 

This is a bee. (   )
이것은 벌이다.

1 아래 그림을 보고, 물건들이 가까이 있는지 멀리 있는지 생각해 보세요.
그리고 주어진 단어와 **this** 또는 **that**을 써서 문장을 완성하세요.

음원 듣기 6-1

정답 쓰기 → 답 맞추기 → 음원 듣기 → 따라 말하기

1 a brush → This is a brush . 이것은 빗이다.

2 a duck → ________ is ________ . 이것은 오리이다.

3 a cloud → ________ is ________ . 저것은 구름이다.

4 a tree → ________ is ________ . 저것은 나무이다.

5 an ant → ________ is ________ . 이것은 개미이다.

6 a mole → ________ is ________ . 이것은 두더지이다.

7 a fruit → ________ is ________ . 저것은 과일이다.

8 a bird → ________ is ________ . 저것은 새이다.

Pop-up Quiz

맞는 말에 동그라미 하세요.

- 인칭 대명사 중 누구의 것인지 나타내는 말을 (**주격** | **소유격**)이라 하고,
(I, you, we, they, he, she, it | my, your, our, their, his, her, its)가 있다.

Unit 2

these vs those

개념 & 내용

강의 보기 6-2

this는 가까운 곳에 있는 것 하나를, that은 멀리 떨어져 있는 것 하나를 가리킬 때 쓰는 말이었죠. 그렇다면 가까이 있는 것이 여러 개이거나, 멀리 있는 것이 여러 개일 경우는 어떻게 표현하는지 알아볼게요.

① these는 가까이 있는 것들을 가리킬 때 사용하고, 뜻은 '이것들'이에요. 여러 개를 가리키죠.
가까이 있는데 여러 개일 경우 this가 아니라 these를 쓴다는 점 기억하세요!

These are bags.
이것들은 가방들이다.

These are dishes.
이것들은 접시들이다.

these, those는 가리킬 때 쓰는 말이라서 지시 대명사라고 해요.

② those는 멀리 있는 것들을 가리킬 때 사용하고, 뜻은 '그것들, 저것들'이에요.
these와 같이 여러 개일 경우에 사용해요.
이처럼 멀리 있는 것들이 여러 개인 경우 that이 아니라 those를 쓴답니다.

Those are bags.
저것들은 가방들이다.

Those are dishes.
저것들은 접시들이다.

1 그림을 보고, 가까이 있는 것인지 멀리 있는 것인지 알맞은 말에 동그라미 하세요.

(These | Those) are flowers.
저것들은 꽃들이다.

(These | Those) are books.
저것들은 책들이다.

(These | Those) are apples.
이것들은 사과들이다.

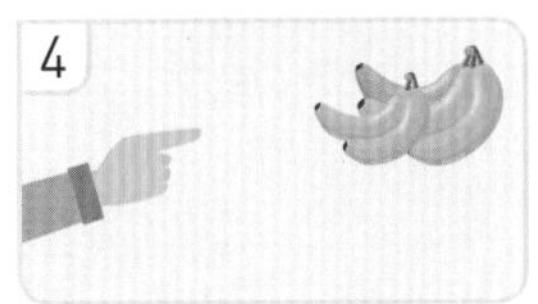

(These | Those) are bananas.
저것들은 바나나들이다.

(These | Those) are trees.
이것들은 나무들이다.

(These | Those) are squirrels.
이것들은 다람쥐들이다.

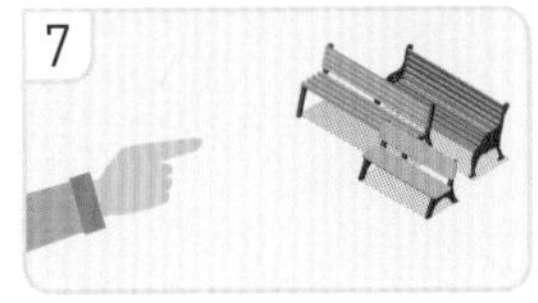

(These | Those) are benches.
저것들은 벤치들이다.

Step-up

1 그림을 보고, 밑줄 친 부분을 바르게 고쳐서 문장을 다시 쓰세요.

1
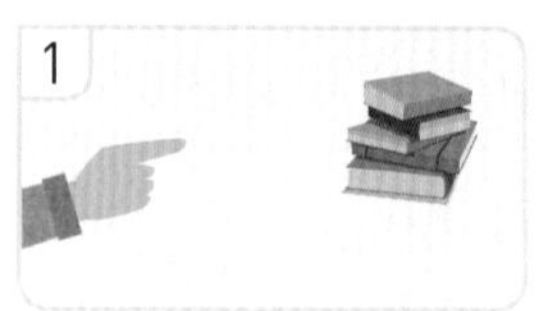

These are books. 저것들은 책들이다.

→ Those are books.

2

Those are a cap. 저것들은 야구 모자들이다.

→

3

Those are dolls. 이것들은 인형들이다.

→

4

These are a notebook. 이것들은 공책들이다.

→

5

These are umbrellas. 저것들은 우산들이다.

→

6

These are a flower. 이것들은 꽃들이다.

→

1 그림을 보고, 주어진 단어를 알맞게 배열하여 문장을 만드세요.

음원 듣기 6-2

1 are | cups. | Those | 저것들은 컵들이다.

→ Those are cups.

2 rulers. | are | These | 이것들은 자들이다.

→

3 makers. | Those | are | 저것들은 매직펜들이다.

→

4 are | Those | baskets. | 저것들은 바구니들이다.

→

5 These | boats. | are | 이것들은 보트들이다.

→

정답 쓰기

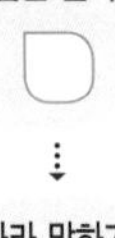

답 맞추기

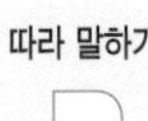

음원 듣기

따라 말하기

Pop-up Quiz 

표를 보고 알맞은 것에 동그라미 하세요.

	가까운 것을 가리킬 때	먼 것을 가리킬 때
하나	this 이것 | that 그것, 저것	this 이것 | that 그것, 저것
여러 개	these 이것들 | those 그것들, 저것들	these 이것들 | those 그것들, 저것들

tiny, pretty, blue

개념 & 내용

강의 보기 6-3

형용사(adjective)는 명사를 꾸며 주는 말이에요.

형용사가 명사를 꾸미면, 강아지가 그냥 강아지가 아니라 '귀여운' 강아지가 혹은 '작은' 강아지가 되죠.

이처럼 형용사는 명사 앞에서 명사를 더 자세히 설명해 준답니다.

① 형용사는 **명사의 크기**를 설명해요. '큰, 작은, 거대한'과 같은 말들이 있답니다.

A tiny bird sings. 아주 작은 새 한 마리가 노래한다.

A big bird sleeps. 큰 새 한 마리가 잔다.

② 형용사는 **명사의 기분이나 상태**를 나타내기도 해요.
'예쁜, 새로운, 행복한' 등이 바로 기분이나 상태를 설명하는 말이랍니다.

A pretty flower is in the vase. 예쁜 꽃 한 송이가 꽃병에 있다.

A new flower is in the vase. 새로운 꽃 한 송이가 꽃병에 있다.

③ 형용사는 '빨간, 노란, 파란 …' 이렇게 **색깔**을 알려 줘요.

A blue bag is on the desk. 파란 가방 한 개가 책상 위에 있다.

A red bag is on the desk. 빨간 가방 한 개가 책상 위에 있다.

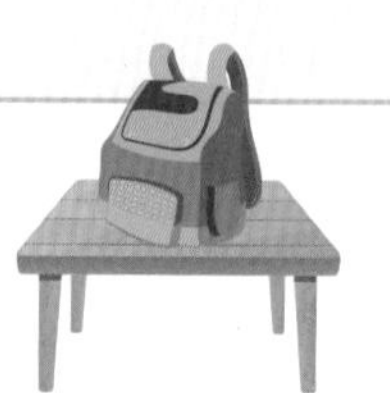

④ 형용사는 **명사의 개수**를 말해 주기도 한답니다. 몇 개인지, 몇 명인지, 구체적인 개수를 알려 주는데요. 하나 이상은 명사 뒤에 s, es를 알맞게 붙여야 한다는 점도 기억해 주세요.

Two girls walk. 여자아이 두 명이 걷는다.

Three boys walk. 남자아이 세 명이 걷는다.

1 보기의 단어 중, '명사를 꾸며 주는 말'을 찾아 동그라미 하세요.

보기

large 큰 | fish 물고기 | green 녹색의 | ugly 못생긴
jump 점프하다 | new 새로운 | walk 걷다 | puppy 강아지 | silly 어리석은
seven 일곱 개의 | desk 책상 | long 긴 | run 달리다

2 그림과 어울리는 단어를 보기에서 골라 빈칸에 쓰세요.

보기

yellow 노란 | fast 빠른 | pretty 예쁜 | five 다섯 개의
long 긴 | green 녹색의 | huge 거대한

1
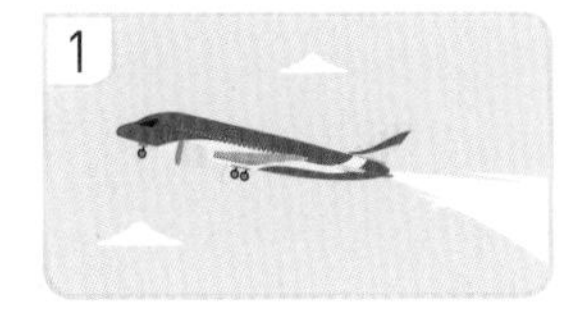

A ___fast___ airplane

2

A ______ elephant

3

A ______ train

4

A ______ bird

5
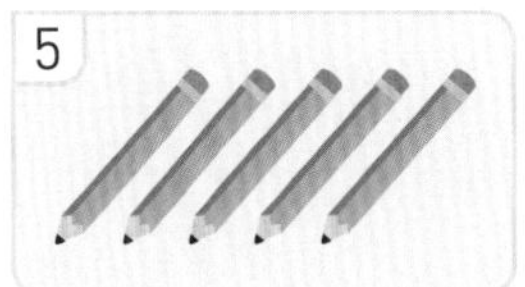

______ pencils

6

A ______ fish

7

A ______ ribbon

Step-up

1 밑줄 친 명사에 대해 설명하는 형용사(=명사를 꾸며 주는 말)를 보기에서 찾아 쓰고, 문장 내용과 일치하는 그림을 연결하세요.

보기				
	yummy 맛있는	brown 갈색의	angry 화난	tall 키가 큰
	wet 젖은	two 두 명의	green 녹색의	

1 A (wet) towel was on the chair.
젖은 수건 한 개가 의자 위에 있다.

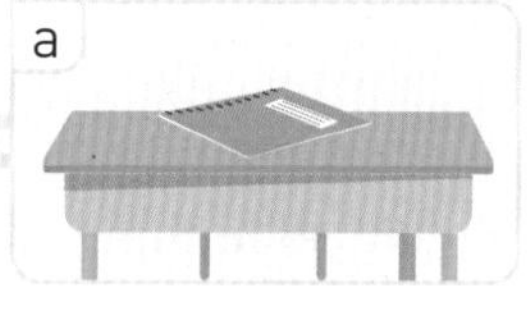
a

2 The ( ) bear walks.
갈색의 곰이 걷는다.

b

3 A ( ) notebook is on the desk.
녹색의 공책이 책상 위에 있다.

c

4 A ( ) cake is on the table.
맛있는 케이크가 탁자 위에 있다.

d

5 ( ) boys play together.
남자아이 두 명이 함께 논다.

e

6 An ( ) kid yells.
화난 아이가 소리 지른다.

f

7 A ( ) giraffe eats leaves.
키가 큰 기린이 나뭇잎들을 먹는다.

g

Jump-up

1 문장을 읽고 나서 명사는 밑줄을 긋고, 형용사(=명사를 꾸며 주는 말)는 동그라미 하세요.
그리고 각 문장에 쓰인 형용사의 개수에 V 하세요.

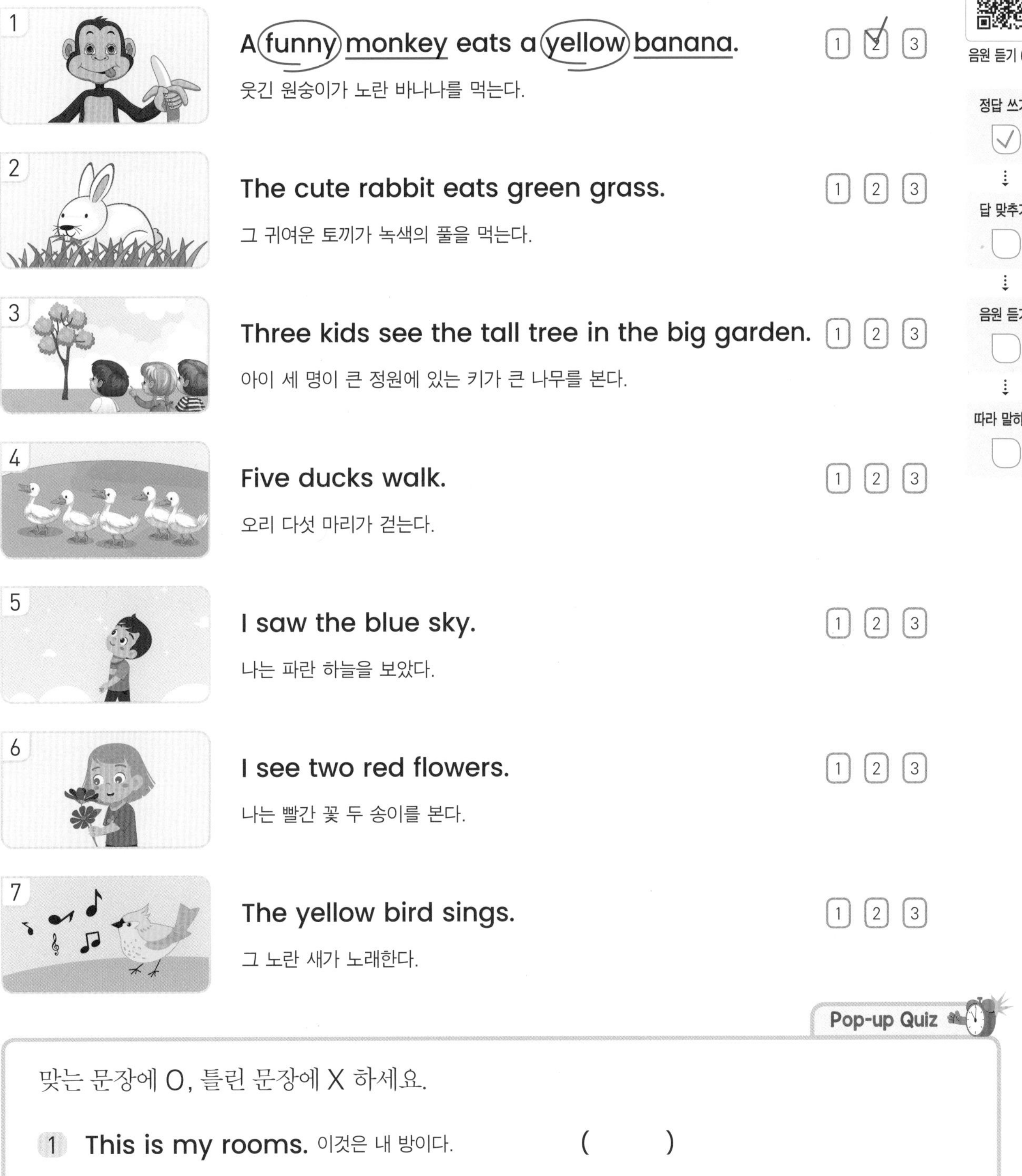

음원 듣기 6-3

정답 쓰기 → 답 맞추기 → 음원 듣기 → 따라 말하기

1 A funny monkey eats a yellow banana. 1 2 3
웃긴 원숭이가 노란 바나나를 먹는다.

2 The cute rabbit eats green grass. 1 2 3
그 귀여운 토끼가 녹색의 풀을 먹는다.

3 Three kids see the tall tree in the big garden. 1 2 3
아이 세 명이 큰 정원에 있는 키가 큰 나무를 본다.

4 Five ducks walk. 1 2 3
오리 다섯 마리가 걷는다.

5 I saw the blue sky. 1 2 3
나는 파란 하늘을 보았다.

6 I see two red flowers. 1 2 3
나는 빨간 꽃 두 송이를 본다.

7 The yellow bird sings. 1 2 3
그 노란 새가 노래한다.

Pop-up Quiz

맞는 문장에 O, 틀린 문장에 X 하세요.

1 This is my rooms. 이것은 내 방이다. (   )

2 Those are your bags. 저것들은 네 가방들이다. (   )

학습일 ____ 월 ____ 일　　정답 129쪽

Check 배운 개념 확인하기

A 아래 그림을 보고 this, that, these, those 중 알맞은 것을 골라 빈칸에 쓰세요.

1. (　　　　　　) are cars.
저것들은 자동차들이다.

2. (　　　　　　) is a ball.
이것은 공이다.

3. (　　　　　　) is a bag.
저것은 가방이다.

4. (　　　　　　) are buses.
이것들은 버스들이다.

B 그림을 보고, 알맞은 형용사를 골라 동그라미 하세요.

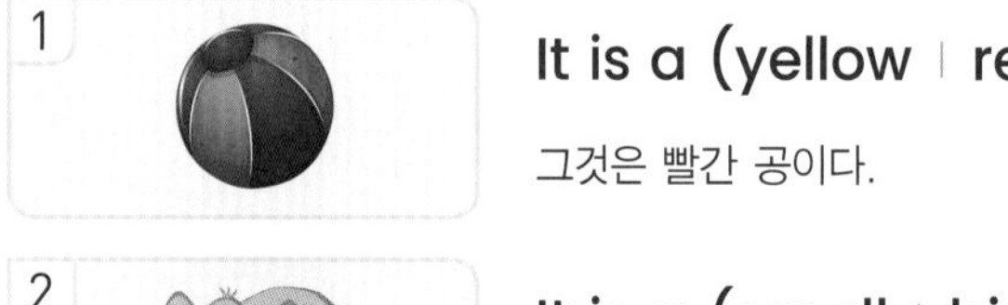

1. It is a (yellow | red) ball.
그것은 빨간 공이다.

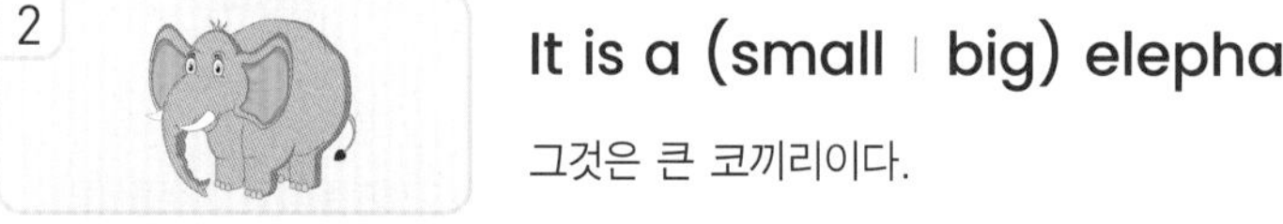

2. It is a (small | big) elephant.
그것은 큰 코끼리이다.

3. It is (cold | hot) water.
그것은 뜨거운 물이다.

C 우리말 뜻에 맞는 단어를 골라 동그라미 하고, 문장을 읽어 보세요.

1. (This | These) is a book.
이것은 책이다.

2. (That | Those) are pens.
저것들은 펜들이다.

3. (That | Those) is a cap.
저것은 야구 모자이다.

4. (This | These) are chairs.
이것들은 의자들이다.

D 아래 문장을 읽고, 형용사를 찾아 V 하세요.

1. I see the blue sky. ① see ② blue ③ sky
2. I have a big desk. ① have ② big ③ desk

Build 문장으로 써 보기

A 그림에 맞게 주어진 단어들을 연결하여 문장을 만들고, 읽어 보세요.

1 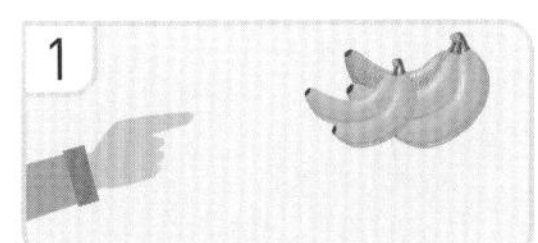

are | Those | bananas.

→ ____________________

2 

a bike. | is | This

→ ____________________

B 그림과 일치하도록 밑줄 친 부분에 들어갈 단어를 보기에서 골라, 문장을 다시 쓰세요.

보기	long 긴	yellow 노란	sad 슬픈

1 

I see a <u>blue</u> bird.

→ ____________________ 나는 노란 새를 본다.

2 

I see a <u>short</u> train.

→ ____________________ 나는 긴 기차를 본다.

3 

I see a <u>happy</u> face.

→ ____________________ 나는 슬픈 얼굴을 본다.

Use 문장 안에서 활용하기

A 아래 문장과 일치하는 그림을 고르세요.

This is a pretty flower.

이것은 예쁜 꽃 한 송이이다.

1 

2 

3 

Chapter

Be동사

Be Verb

WORDS CHECK

artist 예술가	cook 요리사	cute 귀여운	doctor 의사	excited 신이 난
fire fighter 소방관	museum 박물관	penguin 펭귄	pilot 비행 조종사	police officer 경찰관
sleepy 졸린	smart 똑똑한	surprised 놀란	thick 두꺼운	tired 피곤한

Unit 1

be동사의 현재형

am, are, is

강의 보기 7-1

개념 & 내용

'~이다, 어떠하다'라는 뜻의 말을 be동사라고 해요. '~이다'라는 뜻일 때는 주어가 누구인지, '어떠하다'라는 뜻일 때는 기분이나 상태를 나타냅니다.

지금 일어난 일을 나타낼 때는 be동사(be동사의 현재형) am, are, is를 써요. be동사도 동사이기 때문에 주어 다음에 나오고, 주어에 따라 모양이 달라지는데, 의미는 변하지 않아요.

① **am**은 I(나는) 뒤에 써요.

I am Andrew. 나는 Andrew이다.	I am happy. 나는 행복하다.

② **are**는 대명사 you(너는 / 너희들은), we(우리는), they(그들은) 뒤에 써요.

You are a student. 너는 학생이다.	You are kind. 너는 친절하다.
You are singers. 너희들은 가수들이다.	You are happy. 너희들은 행복하다.
We are cooks. 우리는 요리사들이다.	We are excited. 우리는 신난다.
They are students. 그들은 학생들이다.	They are excited. 그들은 신난다.

③ **is**는 he(그는), she(그녀는), it(그것은) 뒤에 써요.

He is a student. 그는 학생이다.	He is happy. 그는 행복하다.
She is Sally. 그녀는 Sally이다.	She is sad. 그녀는 슬프다.
It is a puppy. 그것은 강아지이다.	It is white. 그것은 하얗다.

1 아래 문장을 읽고, 지금의 일을 나타내는 be동사를 찾아 동그라미 하세요.

- I am happy because you are happy.
- She is happy because he is happy.
- We are happy because they are happy.

2 보기에서 빈칸에 들어갈 be동사를 골라 쓰세요.

보기	am are is

1

She is a singer.
그녀는 가수이다.

2

He ______ a police officer.
그는 경찰이다.

3

I ______ a dancer.
나는 댄서이다.

4

They ______ students.
그들은 학생들이다.

5

It ______ a museum.
그것은 박물관이다.

6
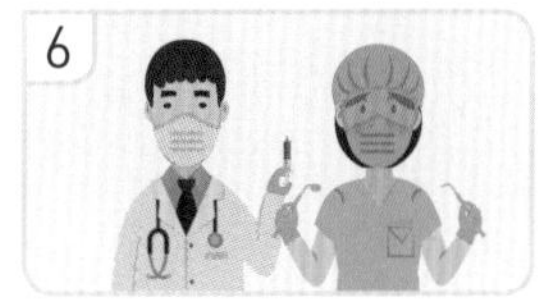

We ______ doctors.
우리는 의사들이다.

7

You ______ a fire fighter.
너는 소방관이다.

Step-up

1 문장에서 틀린 부분을 찾아 바르게 고쳐 쓰세요.

1

They is happy. 그들은 행복하다.

→ They are happy.

2

I is angry. 나는 화난다.

→

3

We am artists. 우리는 화가들이다.

→

4

She are my mom. 그녀는 내 엄마이다.

→

5

He am a pilot. 그는 비행사이다.

→

6

It are my book. 그것은 내 책이다.

→

7

You is a child. 너는 어린이이다.

→

1 그림과 일치하도록 주어진 단어를 연결하여 문장을 만들어 보세요.

	주어		be동사		형용사
1	He 그는		ㄱ is	a	mad. 화가 난
2	They 그들은			b	sleepy. 졸린
3	I 나는		ㄴ am	c	sick. 아픈
4	She 그녀는			d	happy. 행복한
5	We 우리는		ㄷ are	e	surprised. 놀란
6	You 너는			f	tired. 피곤한

음원 듣기 7-1

정답 쓰기 → 답 맞추기 → 음원 듣기 → 따라 말하기

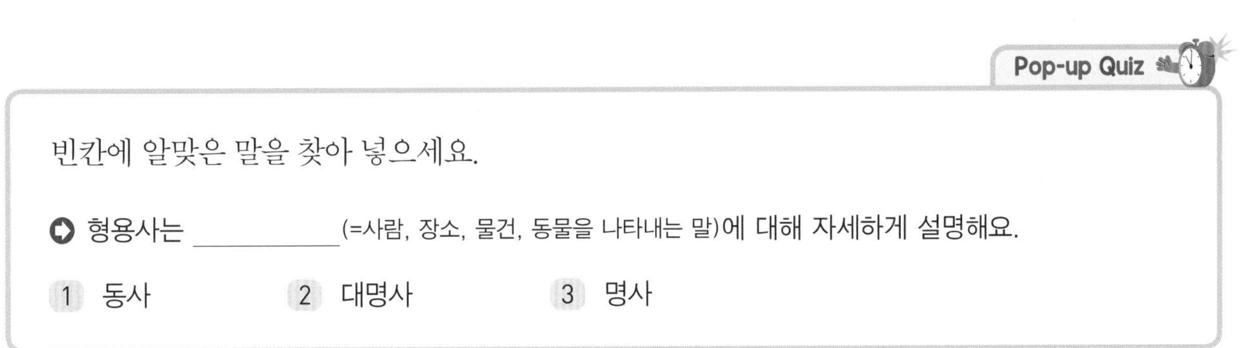

Pop-up Quiz

빈칸에 알맞은 말을 찾아 넣으세요.

➔ 형용사는 ____________(=사람, 장소, 물건, 동물을 나타내는 말)에 대해 자세하게 설명해요.

1 동사 2 대명사 3 명사

Unit 2

be동사의 과거형

was vs were

개념 & 내용

강의 보기 7-2

'I am busy.'라고 하면 (지금) '내가 바쁘다.'는 말이에요. 그런데 이 문장을 (어제) '나는 바빴다.'라고 지나간 일로 표현하려면 어떻게 해야 할까요? be동사 am의 과거형인 was로 바꿔서 'I was busy.'라고 하면 돼요. be동사의 과거형에 대해 알아볼게요.

① **was(am의 과거형)** : 주어가 I이고, 지금의 일에 대해 말할 때는 am을 썼는데요. 지나간 일에 대해 말하고 싶으면 am을 was로 바꿔 써요.

지금의 일	지나간 일
I **am** a student. 나는 학생이다.	I **was** a student. 나는 학생이었다.

② **was(is의 과거형)** : 주어가 he, she, it이거나 한 명이고, 지금의 일에 대해 말할 때는 is를 쓴다고 배웠는데요. 과거의 일에 대해 말할 때 was를 써야 해요. am의 과거형과 같아요.

지금의 일	지나간 일
She **is** my math teacher. 그녀는 내 수학 선생님이다. 1732 x 83	She **was** my math teacher. 그녀는 내 수학 선생님이었다. 456 x 5

③ **were(are의 과거형)** : be동사 are는 주어가 you, we, they 또는 여러 명이고, 지금의 일에 대해 말할 때 쓰죠. 지나간 일에 대해 말하고 싶다면 are를 were로 바꾸면 된답니다.

지금의 일	지나간 일
You **are** smart. 너는 똑똑하다.	You **were** smart. 너는 똑똑했다.

1 각 단어와 지나간 일을 나타내는 be동사를 알맞게 연결하세요.

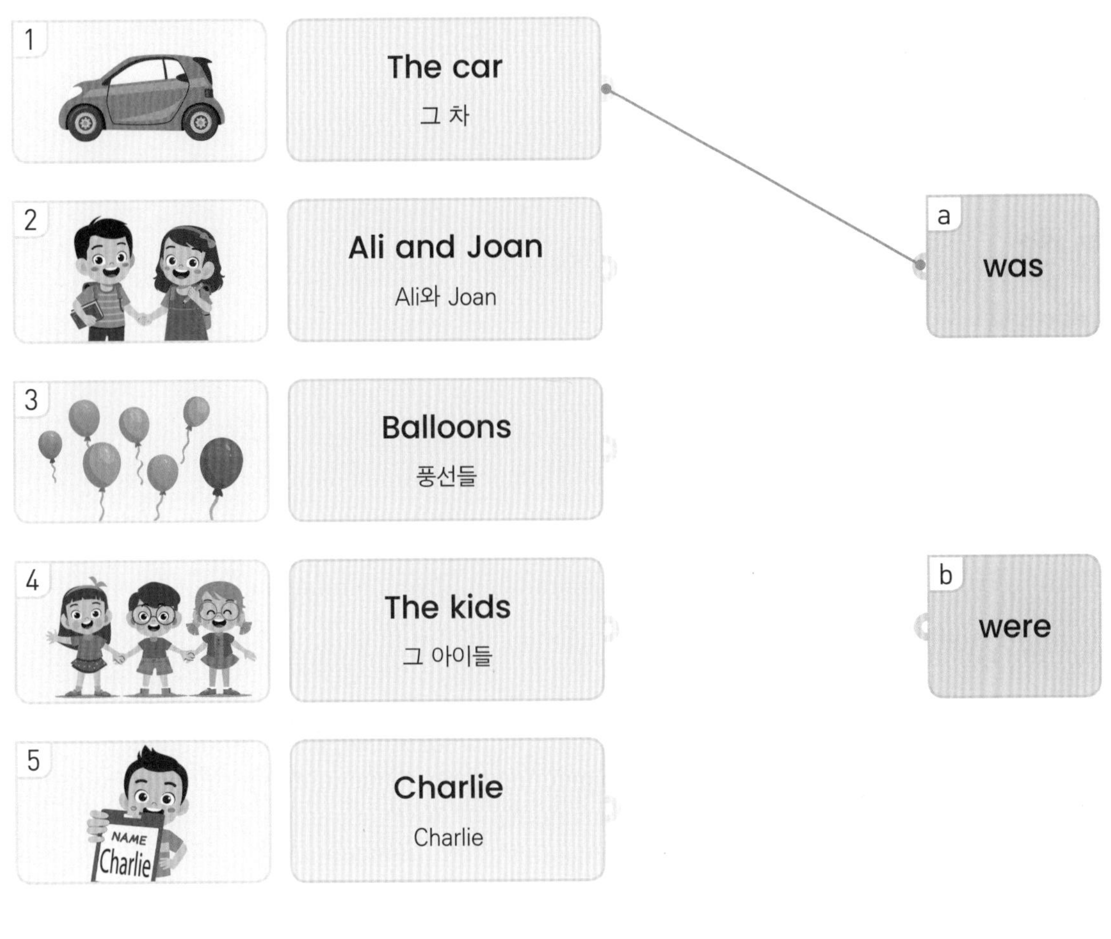

2 빈칸에 들어갈 말을 골라 V 하고 문장을 읽어 보세요.

1. The flower ________ beautiful. ☑ was ☐ were
   그 꽃은 아름다웠다.
2. My sister ________ a dancer. ☐ was ☐ were
   내 누나는 댄서였다.
3. Jack and Mik ________ brothers. ☐ was ☐ were
   Jack과 Mike는 형제들이었다.
4. The kittens ________ cute. ☐ was ☐ were
   그 새끼 고양이들은 귀여웠다.
5. The students ________ smart. ☐ was ☐ were
   그 학생들은 똑똑했다.

1 밑줄 친 be동사의 과거형(=지나간 일을 나타내는 be동사)을 바르게 고치세요.

1 Ted and Sally was friends. (were)
Ted와 Sally는 친구들이었다.

2 Sam, Ted, and Sally was busy. ( )
Sam, Ted, 그리고 Sally는 바빴다.

3 It were a penguin. ( )
그것은 펭귄이었다.

4 The birds was cute. ( )
그 새들은 귀여웠다.

5 The animals was bears. ( )
그 동물들은 곰들이었다.

6 They was teachers. ( )
그들은 선생님들이었다.

7 Peter were funny. ( )
Peter는 재미있었다.

8 The girls was my sisters. ( )
그 여자아이들은 내 언니들이었다.

Jump-up

1 문장의 의미에 맞게 be동사를 고른 후, 주어진 단어를 이용하여 문장을 완성하세요.

음원 듣기 7-2

정답 쓰기 → 답 맞추기 → 음원 듣기 → 따라 말하기

1 (was | were) | The cats | cute. | 그 고양이들은 귀여웠다.

→ The cats were cute.

2 (was | were) | a doctor. | My sister | 내 누나는 의사였다.

→ ______________________________

3 (was | were) | He | a teacher. | 그는 선생님이었다.

→ ______________________________

4 (was | were) | cooks. | The people | 그 사람들은 요리사들이었다.

→ ______________________________

5 (was | were) | white. | The bird | 그 새는 하얬다.

→ ______________________________

Pop-up Quiz

보기의 문장을 읽고, 빈칸에 알맞은 말을 쓰세요.

보기 My brother is a cook. 내 형은 요리사이다.
My sisters are doctors. 내 누나들은 의사들이다.

➡ 하나를 나타내는 말 뒤에는 be동사 ________를, 여럿을 나타내는 말 뒤에는 be동사 ________를 써요.

학습일 ____ 월 ____ 일 정답 130쪽

Check 배운 개념 확인하기

A 문장을 읽고, be동사를 모두 찾아 동그라미 하고 몇 개인지 쓰세요.

Today is Kevin's birthday. 오늘은 Kevin의 생일이다.
'I am 8 years old', Kevin says. '나는 8살이야.' Kevin이 말한다.
The kids are at his birthday party. 그 아이들이 그의 생일 파티에 있다.
They are his friends. 그들은 그의 친구들이다.
They are happy. 그들은 행복하다.
His sister is happy, too. 그의 누나도 행복하다.
It is a great day. 멋진 날이다.

be동사 : (　　)개

B (　　)에 들어가기에 알맞은 단어를 골라 동그라미 하세요.

1. Many people (is | are) busy. 많은 사람들이 바쁘다.
2. My mom (is | are) kind. 내 엄마는 친절하다.
3. The girls (is | are) students. 그 여자아이들은 학생들이다.
4. The penguins (is | are) cute. 그 펭귄들은 귀엽다.
5. Maria and Jessica (is | are) my sisters. Maria와 Jessica는 내 여자 형제들이다.

C 각 문장의 be동사의 과거형을 찾아 연결하세요.

1. He is excited. 그는 신난다. •　　• ⓐ I was sad.
2. You are dancers. 너희들은 댄서들이다. •　　• ⓑ It was a rabbit.
3. I am sad. 나는 슬프다. •　　• ⓒ They were my uncles.
4. It is a rabbit. 그것은 토끼이다. •　　• ⓓ He was excited.
5. They are my uncles. 그들은 내 삼촌들이다. •　　• ⓔ You were dancers.

D 우리말 뜻에 해당하는 문장을 고르세요.

1. 그것들은 책상들이었다.
   ① They were a desk. ② They was desks. ③ They were desks.
2. 그 동물은 두더지였다.
   ① The animal was a mole. ② The animal were a mole. ③ The animal was moles.
3. 개미들은 작았다.
   ① Ants was tiny. ② Ants were tiny. ③ An ant were tiny.

Build 문장으로 써 보기

A 우리말 뜻에 맞게 보기에서 단어를 골라 빈칸에 쓰세요.

보기	is	are	was	were	brothers	boy	ladybugs	scared

*scared 무서워하는

1. He ________ a ________.
   그는 남자아이이다.
2. The two children ________ my ________.
   그 아이들 두 명은 내 남동생들이다.
3. Yesterday, she saw bugs. She ________ ________.
   어제, 그녀는 벌레들을 보았다. 그녀는 무서워했다.
4. The bugs ________ ________.
   그 벌레들은 무당벌레들이었다.

Use 문장 안에서 활용하기

A 아래 문장과 일치하는 그림을 고르세요.

The people are baseball players.
그 사람들은 야구선수들이다.

1 
2 
3 

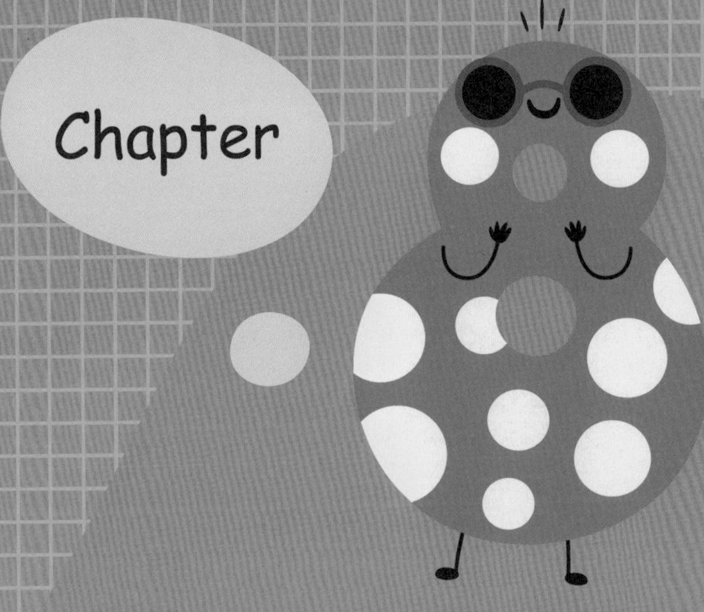

의문문
asking sentence

WORDS CHECK

alarm clock 알람 시계	bookshelf 책장	busy 바쁜	cheese 치즈	classmate 반 친구
draw 그리다	fever 열	music 음악	pants 바지	scientist 과학자
soccer 축구	tea 차	thirsty 목마른	tiger 호랑이	wrong 틀린

Unit 1

be동사의 현재형 의문문

You are ~. vs Are you ~?

개념 & 내용

강의 보기 8-1

'You are happy.'는 '너는 행복하다.'인데요. '너는 행복하니?'라고 물어보려면 어떻게 할까요? be동사인 are를 문장 맨 앞(주어 앞)에 써서 'Are you happy?'라고 하면 돼요. be동사가 있는 물어보는 문장을 be동사 의문문이라고 해요. be동사 의문문은 **be동사를 문장 맨 앞**(주어 앞)**에 써서 만들어요.**

① Am + I ~?(나는 ~하니?)는 다른 사람에게 **'나'에 관해 물어볼 때** 사용해요. be동사인 am을 **문장 맨 앞(주어 앞)**에 써서 물어보는 문장으로 만든답니다.

Am I pretty? 나는 예쁘니?	➲ Yes, you are. 응, 그래. | No, you are not. 아니, 그렇지 않아.

② Are + you ~?(너는 ~이니?, ~하니?)는 **'너'에 관해 물어볼 때** be동사인 are를 **문장 맨 앞(주어 앞)**에 씁니다.

Are you a student? 너는 학생이니?	➲ Yes, I am. 응, 그래. | No, I am not. 아니, 그렇지 않아.

③ Is + he ~?(그는 ~이니?, ~하니?), Is + she?(그녀는 ~이니?, ~하니?)는 **'그' 또는 '그녀'에 대해 물어 보는** 문장으로, be동사인 is를 **문장 맨 앞(주어 앞)**에 쓰면 돼요.

Is he a cook? 그는 요리사이니?	➲ Yes, he is. 응, 그래. | No, he is not. 아니, 그렇지 않아.
Is she a pilot? 그녀는 비행사이니?	➲ Yes, she is. 응, 그래. | No, she is not. 아니, 그렇지 않아.

④ Are + you / they / we ~?(너희들은 / 그들은 / 우리들은 ~이니?, ~하니?)처럼 주어가 한 명이 아니라 여러 명일 때는 be동사 are를 **문장 맨 앞(주어 앞)**에 써서 물어본답니다.

Are you students? 너희들은 학생들이니?	➲ Yes, we are. 응, 그래. | No, we are not. 아니, 그렇지 않아.
Are they busy? 그들은 바쁘니?	➲ Yes, they are. 응, 그래. | No, they are not. 아니, 그렇지 않아.

1 be동사에 동그라미 하고, 물어보는 문장을 찾아 V 하세요.

1 Are you hungry? ☑
너는 배고프니?

2 The girl is busy. ☐
그 여자아이는 바쁘다.

3 Sara and I are students. ☐
Sara와 나는 학생들이다.

4 Is she okay? ☐
그녀는 괜찮니?

5 Are they your friends? ☐
그들은 네 친구들이니?

6 Are Jack and Jason brothers? ☐
Jack과 Jason은 형제들이니?

7 Am I wrong? ☐
내가 틀린 거니?

Step-up

1 아래 문장을 의문문(=물어보는 문장)으로 바꾸세요.

1 The doll is pretty. 그 인형은 예쁘다.

→ Is the doll pretty? 그 인형은 예쁘니?

2 The pants are yellow. 그 바지는 노랗다.

→ ______ the pants yellow? 그 바지는 노랗니?

3 My classmates are happy. 내 반 친구들은 행복하다.

→ ______ my classmates happy? 내 반 친구들은 행복하니?

4 The puppy is cute. 그 강아지는 귀엽다.

→ ______ the puppy cute? 그 강아지는 귀엽니?

5 You are thirsty. 너는 목이 마르다.

→ ______ you thirsty? 너는 목이 마르니?

2 위에서 만든 의문문(=물어보는 문장)들을 한 번 더 쓰세요.

1 Is the doll pretty?

2 ______

3 ______

4 ______

5 ______

Jump-up

1 그림을 보고, 주어진 단어들을 알맞게 연결하여 문장을 만드세요.

음원 듣기 8-1

정답 쓰기 → 답 맞추기 → 음원 듣기 → 따라 말하기

1 

the car | Is | new | ? | 그 차는 새것이니?

→ Is the car new?

2 

? | Are | lilies | the flowers | 그 꽃들은 백합들이니?

→

3

they | ? | tigers | Are | 그것들은 호랑이들이니?

→

4 

Kevin | an English teacher | Is | ? | Kevin은 영어 선생님이니?

→

5 

your piano | Is | it | ? | 그것은 네 피아노이니?

→

6 

you | ? | Are | scientists | 너희들은 과학자들이니?

→

7 

Jen and Sara | Are | ? | sisters | Jen과 Sara는 자매들이니?

→

Pop-up Quiz

be동사를 표에 알맞게 쓰세요.

주어	I	She	We
be동사의 과거형 (was, were)			

Unit 2

동사의
현재형 의문문

Do you ~? *vs* Does he ~?

개념 & 내용

강의 보기 8-2

문장에 walk(걷다), run(달리다), jump(점프하다) 등과 같은 동사가 있을 때는 의문문을 어떻게 만들까요? 이 경우는 반드시 단어 do, does의 도움이 필요한데요. 주어에 따라 **do**를 쓸지, **does**를 쓸지 결정돼요.

이런 대부분의 동사들을 일반동사라고 합니다.

① **do를 쓰는 경우** : 문장의 **주어**가 I(나는), you(너는, 너희들은), we(우리는), they(그들은)인 경우, do를 문장(주어) 앞에 써서 **Do + 주어 + 동사 ~?** '**~하니?**'라고 물어볼 수 있어요.

Do I have a cold?
나는 감기에 걸린 거니?
➡ Yes, you do. 응, 그래. | No, you don't. 아니, 그렇지 않아.

Do you have a pet?
너는 반려동물을 가지고 있니?
➡ Yes, I do. 응, 그래. | No, I don't. 아니, 그렇지 않아.

Do we have an alarm clock?
우리는 알람 시계를 가지고 있니?
➡ Yes, we do. 응, 그래. | No, we don't. 아니, 그렇지 않아.

Do they like the book?
그들은 그 책을 좋아하니?
➡ Yes, they do. 응, 그래. | No, they don't. 아니, 그렇지 않아.

② **does를 쓰는 경우** : 문장의 **주어**가 he(그는), she(그녀는), it(그것은)인 경우, does를 문장(주어) 앞에 써서 **Does + 주어 + 동사 ~?** '**~하니?**'라고 물어보는 문장을 만들어요. 한 가지 더! 꼭 기억할 것은 does를 쓰면, 동사에 s, es가 **절대 붙지 않는**답니다.

Does she like the song?
그녀는 그 노래를 좋아하니?
➡ Yes, she does. 응, 그래. | No, she doesn't. 아니, 그렇지 않아.

Does he eat breakfast?
그는 아침을 먹니?
➡ Yes, he does. 응, 그래. | No, he doesn't. 아니, 그렇지 않아.

1 밑줄 친 부분이 맞으면 O, 틀리면 X 하고, 올바른 문장들을 읽어 보세요.

1. Do they eat dinner? (O)
   그들은 저녁을 먹니?
2. Do she study hard? ( )
   그녀는 열심히 공부하니?
3. Does you speak English? ( )
   너는 영어를 하니?
4. Do we have the bookshelf? ( )
   우리는 그 책장을 가지고 있니?
5. Does it run fast? ( )
   그것은 빨리 달리니?

2 알맞은 말에 동그라미 하고, 문장의 내용과 일치하는 그림을 연결하세요.

1. A: (Do | Does) you drink milk?
   B: No, I don't.
2. A: (Do | Does) Maria play soccer?
   B: Yes, she does.
3. A: (Do | Does) a cheetah run fast?
   B: Yes, it does.
4. A: (Do | Does) they drink tea?
   B: No, they don't.
5. A: (Do | Does) I have a fever?
   B: No, you don't.

a

b

c

d

e

Step-up

1 빈칸에 들어갈 말과 연결하고, 문장을 읽어 보세요.

1. ______ you play the piano?
   너는 피아노를 치니?
2. ______ your sister read books?
   네 여동생은 책들을 읽니?
3. ______ the kids draw pictures?
   그 아이들은 그림들을 그리니?
4. ______ he watch TV?
   그는 TV를 보니?
5. ______ a rabbit eat carrots?
   토끼는 당근들을 먹니?

a Do

b Does

2 위에서 만든 의문문을 다시 쓰세요.

1 Do you play the piano?

2 ______

3 ______

4 ______

5 ______

1 아래 문장의 밑줄 친 부분을 바르게 고치고, 문장을 읽어 보세요.

음원 듣기 8-2

정답 쓰기 → 답 맞추기 → 음원 듣기 → 따라 말하기

1 Do she teach math? (Does)
그녀는 수학을 가르치니?

2 Does he walks fast? (   )
그는 빨리 걷니?

3 Does you go to bed early? (   )
너는 일찍 자니?

4 Does Mike reads books? (   )
Mike는 책들을 읽니?

5 Do they eats cheese? (   )
그들은 치즈를 먹니?

6 Does the kitten drinks milk? (   )
새끼 고양이가 우유를 마시니?

7 Does I have to go? (   )
내가 가야 하니?

Pop-up Quiz

알맞은 말에 동그라미 하세요.

- be동사 am, are, is가 있을 때 의문문을 만들기 위해서는 be동사를 문장(주어)의 (앞 | 뒤)에 써요.

Exercise

학습일 ____ 월 ____ 일　　정답 131쪽

Check 배운 개념 확인하기

A 밑줄 친 부분이 맞으면 O, 틀리면 X 하세요.

1. Is she your mom? (　　)
2. Are it an eagle? (　　)
3. Am I tall enough? (　　)
4. Is you a good student? (　　)

B 빈칸에 들어갈 말을 보기에서 골라 쓰세요.

보기	Do	Does

1. ________ Rachel listen to music? Rachel은 음악을 듣니?
2. ________ they run everyday? 그들은 매일 달리니?
3. ________ he walk to school? 그는 걸어서 학교에 가니?
4. ________ we have the cake? 우리는 그 케이크를 가지고 있니?

C 그림을 보고 알맞은 말을 골라 V 하세요.

1. □ Are they / □ They are eagles? 그것들은 독수리들이니?
2. □ He is / □ Is he hungry? 그는 배고프니?
3. □ You are / □ Are you sad? 너는 슬프니?
4. □ Do they / □ Does they play soccer? 그들은 축구를 하니?
5. □ Do the girl / □ Does the girl play the piano? 그 여자아이는 피아노를 치니?

D 빈칸에 들어갈 말에 동그라미 하고, 문장을 읽어 보세요.

1. ________ she a doctor? 그녀는 의사이니?

   ① Are ② is ③ Is

2. ________ the boys students? 그 남자아이들은 학생들이니?

   ① Are ② are ③ Is

3. ________ they eat breakfast? 그들은 아침 식사를 하니?

   ① do ② Do ③ Does

4. ________ your sister have a car? 네 언니는 차를 가지고 있니?

   ① does ② Does ③ Do

Build 문장으로 써 보기

A 주어진 단어들을 알맞게 연결하여 문장을 만드세요.

1 

they | Are | ? | squirrels | 그것들은 다람쥐들이니?

→ ________________________________

2

you | eat | ? | Do | bread | 너는 빵을 먹니?

→ ________________________________

Use 문장 안에서 활용하기

A 밑줄 친 부분을 바르게 고쳐 쓰고, 문장을 읽어 보세요.

1 

Do Sara speak Korean? Sara는 한국어를 하니?

→ ________ Sara speak Korean?

2 

Does they jump high? 그들은 높이 점프하니?

→ ________ they jump high?

Chapter I

문장

Unit 1 문장 12쪽

Check-up

1. I like the story.
   Fred is happy.
   Jenny runs fast.
   I can jump.
2. [I] like the story.
   [F]red is happy.
   [J]enny runs fast.
   [I] can jump.

Step-up

1. ①-ⓓ ②-ⓔ ③-ⓑ ④-ⓒ ⑤-ⓐ
2. ① I like the story book.
   ② The students go to school.
   ③ My sister is happy.
   ④ The puppy likes a bone.
   ⑤ Ted can jump.

Jump-up

1. ① The frog hopped.
   ② The cat is fat.
   ③ I like the song.
   ④ My name is Eric.
   ⑤ I go to school.

Pop-up Quiz

① X ② O ③ X

Unit 2 평서문 vs 의문문 16쪽

Check-up

1.

말해 주는 문장	물어보는 문장
My name is Min. I go to the zoo. It is a book. Amy can jump.	Is it a book? Do you go to the zoo? Are you Min? Can you jump?

2. ① . ② ? ③ ?

Step-up

1. ① 평서문 ② 평서문 ③ 의문문 ④ 평서문
   ⑤ 의문문 ⑥ 평서문 ⑦ 의문문

Jump-up

1. ① We play a game.
   ② Do you have a pet?
   ③ We like the kitten.
   ④ She can ride a bike.
   ⑤ Are you happy?
   ⑥ I am okay.
   ⑦ My mom walks.

Pop-up Quiz

② v

Excercise 20쪽

Check: 배운 개념 확인하기

A. 1. ☑ They are happy.
2. ☑ The turtle walks.
3. ☑ The kids go to school.

B. 1. V 2. O 3. O 4. V 5. V

C. 1. A girl 2. fly 3. Two kids
4. is sleepy 5. are angry

D. 1. ☑ Is my bag yellow?

2. ☑ Can Max swim?
3. ☑ Do they have the hats?

Build: 문장으로 써 보기

A. 1. Two kids play games.
2. Does the bunny hop?
3. Are you happy?

Use: 문장 안에서 활용하기

A. 1. We are students.
➲ 평서문은 문장의 마지막에 마침표를 붙인다.
2. Many people like the story.
➲ 문장의 첫 글자는 대문자로 써 준다.
3. Do you like it?
➲ 의문문은 문장의 마지막에 물음표를 붙인다.

B. ②

Chapter 2

명사 I

Unit 1 명사 24쪽

Check-up

1.

사람 a person	장소 a place	물건 a thing	동물 an animal
student singer teacher	lake store playground	chair toy piano	kitten bear hamster

2. ① child, apple ② dad, book
③ tiger, rock ④ kitten, tree
⑤ girl, ball

Step-up

1. pizza, piano, moon, mom, garden, friends, tree
2. ① pizza ② mom ③ piano ④ moon
⑤ garden ⑥ tree ⑦ friends

Jump-up

1. ① The girl plays with a ball.
② A bird flies to the tree.
③ My mom drives a car.
④ The rabbit eats carrots.
⑤ The kid played in a playground.
⑥ The boys run down the street.
⑦ My kite flies in the sky.

Pop-up Quiz

① 평서문 ② 의문문

Unit 2 a/an + 단수 명사 28쪽

Check-up

1. an elephant a dog a pen
a student an umbrella
2. ① An alligator was under a tree.
② An alligator was eating an ice-cream under a tree.
③ An alligator was eating an ice-cream and a strawberry under a tree.
3. ① An, a ② An, an, a ③ An, an, a, a
➲ 명사의 수가 하나이고, 명사의 첫 소리가 a, e, i, o, u로 시작될 때는 an을 써서 하나임을 나타낸다.
➲ 문장의 첫 글자는 대문자로 쓴다.

Step-up

1. ① An octopus is in the sea.
② The girl ate an orange.
③ They saw an igloo.
④ I have a potato.

⑤ I picked up an apple.
⑥ The boy has a book.
⑦ It is a flower.

Pop-up Quiz

이름

Jump-up

1. ① I ate an olive. -ⓒ
   ② The bear has an acorn. -ⓓ
   ③ I have a pen. -ⓖ
   ④ My brother saw an owl. -ⓕ
   ⑤ Jenny has an umbrella. -ⓔ
   ⑥ My dad is an artist. -ⓑ
   ⑦ It is an avocado. -ⓐ

Unit 3 단수 명사 vs 복수 명사 32쪽

Check-up

1. ☑ an owl ☑ onions ☑ pens
   ☑ a girl ☑ an umbrella ☑ books
   ☑ a bird

Step-up

1. ① I have two birds.
   ② My sister sees a rabbit.
   ③ They eat three oranges.
   ④ I pick two carrots.
   ⑤ I see a cap.
   ⑥ There are two bags.
   ⑦ My friend has a doll.

Jump-up

1. a dog hats a bike
   frogs a book trees
2. ① trees ② Frogs ③ a book
   ④ a bike ⑤ a dog ⑥ hats

Pop-up Quiz

a나 an을 단어 앞에

Unit 4 복수 명사(-s, -es) 36쪽

Check-up

1. glasses pencils watches
   foxes tomatoes dresses
2. ① foxes ② glasses ③ tomatoes
   ④ dresses ⑤ watches

Step-up

1. ① dishes, tomatoes, dish
   ② glasses, glass
   ③ potatoes, potato
   ④ peaches, peaches

Jump-up

1. ② cap, watches
   ③ back pack
   ④ books, lunch box
   ⑤ sandwiches, peaches

Pop-up Quiz

s나 es를 단어 뒤에

Excercise 40쪽

Check: 배운 개념 확인하기

A. cat, book, tomato, mom, park, desk, dad
B. 1. a book 2. an orange
   3. pencils 4. tomatoes
C. 1. bags 2. brushes 3. an apple
D. 1. ③ 2. ① 3. ②

Build: 문장으로 써 보기

A. 1. brushes, watches 2. dish, sandwiches

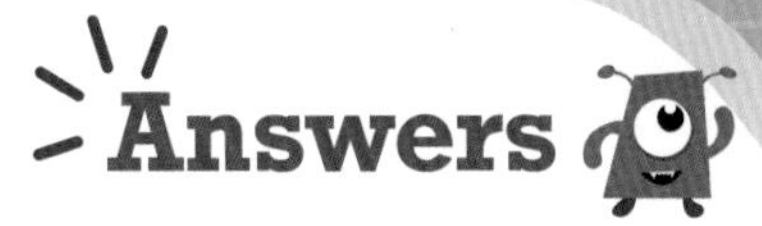

Use: 문장 안에서 활용하기

A 1. I see an ant. 2. I have five peaches.

B. ①

Chapter 3

명사 Ⅱ

Unit 1 고유 명사 44쪽

Check-up

1. Olympic Park, Busan, BTS, Lotte World, Han River, Jiyun, Minjun

Step-up

1. ① Seoul Elementary School
   서울초등학교는 고유 명사이기 때문에 각 단어의 첫 글자를 대문자로 써야 한다.
   ② Nam River ③ BTS ④ O ⑤ Jack
   ⑥ Everland ⑦ America

Jump-up

1. ① I live in Seoul.
   ② We see the Guem River.
   ③ Do you go to COEX Mall?
   ④ My puppy's name is Terry.
   ⑤ Is she Ali?
   ⑥ Do you live in Korea?
   ⑦ Many people like Kim Yuna.

Pop-up Quiz

ch, o, s, sh, x

Unit 2 명사의 소유격 48쪽

Check-up

1. ① Amy's fish ② Sam's cat
   ③ Lee's pencil ④ Angie's brush
   ⑤ Marie's turtle
2. ① Kevin ② Yuri ③ Ali

Step-up

1. ①-ⓒ ②-ⓓ ③-ⓑ ④-ⓔ ⑤-ⓐ
2. ① Amy's ② Jake's ③ Ali's
   ④ Sam's ⑤ Stella's

Jump-up

1. ① Yuri's ② my friend's ③ Jim's
   ④ my sister's ⑤ the dog's
   ⑥ brother's ⑦ Joan's

Pop-up Quiz

② Harry Potter, ④ Seoul, ⑤ Han River

Excercise 52쪽

Check: 배운 개념 확인하기

A. 2. World Cup Park, 3. China,
4. Namhan River, 7. Sam

B. 1. Bill's 2. Jenny's 3. friend's

C. 1. korea → Korea
2. seoul elementary school
→ Seoul Elementary School
3. seoul → Seoul

D. 1. ⓒ 2. ⓐ 3. ⓑ

Build: 문장으로 써 보기

A. 1. Mina's 2. Wendy's 3. England

B. 1. My friend lives in New Zealand.
2. Busan is a big city.
3. It is Mike's cat.

Use: 문장 안에서 활용하기

A. ③

Chapter 4

동사

Unit 1 동사 56쪽

Check-up

1. eat, run, read, sit, mop
2. ① eat ② run ③ read ④ mop ⑤ sit

Step-up

1. ① hop ② run ③ see ④ walk
   ⑤ naps ⑥ like ⑦ hate

Jump-up

1. ① plays ② water ③ ride
   ④ play ⑤ ride ⑥ water

Pop-up Quiz

① Maria's, ④ Charlie's

Unit 2 동사의 현재형 60쪽

Check-up

1.

I, You , They, Kids, Many people...	He, She, It
walk dance watch touch sing	walks dances watches touches sings

2. ① watches ② dance ③ walks
   ④ touch ⑤ sings

Step-up

1. ① walks / She walks to the mountain.
   ② like / Many children like Toy Story.
   ③ washes / He washes his hands.
   ④ jumps / A frog jumps on the land.
   ⑤ look / They look at the blue sky.
   ⑥ touches / She touches the flower.
   ⑦ lives / Jake lives in Korea.

Jump-up

1. ① plays ② jumps ③ walks
   ④ looks ⑤ touches ⑥ brushes
   ⑦ lives

Pop-up Quiz

jump, smile

Unit 3 동사의 과거형 64쪽

Check-up

1. talked, jumped, liked, watered, went
2. ① opened ② looked ③ called
   ④ ran ⑤ ate

Step-up

1. ① listen / I listened to the music.
   ② watch / We watched TV.
   ③ look / I looked at the sky.
   ④ go / We went to school.
   ⑤ dance / The kids danced.
   ⑥ eat / They ate pasta.
   ⑦ run / We ran fast.

Jump-up

1. ① played ② walked ③ looked
   ④ started ⑤ jumped ⑥ called
   ⑦ kicked

Pop-up Quiz

① cook ② walks

Excercise 68쪽

Check: 배운 개념 확인하기

A. like, go, jump, walk, play, see
B. 1. ② 2. ① 3. ②
C. 1. ① 2. ② 3. ②
D. 1. climbed 2. climb 3. watched
4. watches

Build: 문장으로 써 보기

① watered ② washes ③ ate ④ plays

Use: 문장 안에서 활용하기

A. 1. Yuri likes the book.
2. I live in Seoul.
3. Yesterday, they called me.
4. Yesterday, I helped my mom.
B. washed, ate (②)
washes, eats (③)

Chapter 5

대명사

Unit 1 인칭 대명사(주격) 72쪽

Check-up

1. it, we, he, she, they, you, I

우리말 뜻	명사 대신 부르는 말
나 너 너희들 우리	I you you we

우리말 뜻	명사 대신 부르는 말
그 그녀 그것 그들	he she it they

2. ①-ⓑ ②-ⓓ ③-ⓒ ④-ⓐ ⑤-ⓔ

Step-up

1. ① He ② We ③ She ④ They
⑤ It ⑥ He ⑦ We ⑧ She

Jump-up

1. ① He has a truck. ② We like to run.
③ She can sing. ④ They watch TV.
⑤ It sleeps.

Pop-up Quiz

① talked ② smiled

Unit 2 인칭 대명사(소유격) 76쪽

Check-up

1. ① Her ② Our ③ Your ④ My
⑤ His ⑥ Their ⑦ Its

2.

누구의 것인지 알려 주는 말	우리말 뜻
my your our his	내 / 나의 네 / 너의 / 너희들의 우리의 그의

누구의 것인지 알려 주는 말	우리말 뜻
her their its	그녀의 그들의 그것의

Step-up

1. ①-ⓓ ②-ⓕ ③-ⓖ ④-ⓒ
   ⑤-ⓔ ⑥-ⓐ ⑦-ⓑ

Jump-up

1. ① They are your books.
   ② It is my bag.
   ③ He is our teacher.
   ④ It is your cap.
   ⑤ He is her brother.
   ⑥ It is his pencil.
   ⑦ It is its nest.

Pop-up Quiz

① we ② we ③ you

Excercise 80쪽

Check: 배운 개념 확인하기

A. ① I ② you ③ we ④ you
⑤ they ⑥ he ⑦ she ⑧ it

B. ① his ② our ③ her ④ my
⑤ your ⑥ its ⑦ their

C. 1. My 2. They 3. Our 4. You
5. He 6. Its 7. Her

Build: 문장으로 써 보기

A. ① It is my dog.
② They are your flowers.
③ They are their pencils.
④ It is her doll.

Use: 문장 안에서 활용하기

A. ③

Chapter 6

지시 대명사 & 형용사

Unit 1 지시 대명사 I(단수) 84쪽

Check-up

1. ① 멀리 있는 것 ② 가까이 있는 것
   ③ 가까이 있는 것 ④ 멀리 있는 것
2. ①-ⓓ ②-ⓒ ③-ⓑ ④-ⓐ

Step-up

1. ① That ② This ③ This
   ④ That ⑤ That
2. ① X ② O ③ O

Jump-up

1. ① This / a brush ② This / a duck
   ③ That / a cloud ④ That / a tree
   ⑤ This / an ant ⑥ This / a mole
   ⑦ That / a fruit ⑧ That / a bird

Pop-up Quiz

소유격 / my, your, our, their, his, her, its

Unit 2 지시 대명사 II(복수) 88쪽

Check-up

1. ① Those ② Those ③ These ④ Those
   ⑤ These ⑥ These ⑦ Those

Step-up

1. ① Those are books.
   ② Those are caps.
   ③ These are dolls.
   ④ These are notebooks.
   ⑤ Those are umbrellas.
   ⑥ These are flowers.

Jump-up

1. ① Those are cups.
   ② These are rulers.
   ③ Those are markers.
   ④ Those are baskets.
   ⑤ These are boats.

Pop-up Quiz

	가까운 것을 가리킬 때	먼 것을 가리킬 때
하나	this	that
여러 개	these	those

Unit 3 형용사 92쪽

Check-up

1. large, green, ugly, new, silly, seven, long
2. ① fast ② huge ③ long ④ yellow
   ⑤ five ⑥ green ⑦ pretty

Step-up

1. ① wet-ⓑ ② brown-ⓔ
   ③ green-ⓐ ④ yummy-ⓖ
   ⑤ Two-ⓓ ⑥ angry-ⓒ
   ⑦ tall-ⓕ

Jump-up

1. ① A funny monkey eats a yellow banana. (2)
   ② The cute rabbit eats green plants. (2)
   ③ Three kids see the tall tree in the big garden. (3)
   ④ Five ducks walk. (1)
   ⑤ I saw the blue sky. (1)
   ⑥ I see two red flowers. (2)
   ⑦ The yellow bird sings. (1)

Pop-up Quiz

① X
➲ This는 말하는 사람으로부터 가까이 있는 '하나'를 가리키는 말이므로, my room이 맞는 문장이다.
② O

Excercise 96쪽

Check: 배운 개념 확인하기

A. ① Those ② This ③ That ④ These
B. ① red ② big ③ hot
C. 1. This 2. Those 3. That 4. These
D. 1. ② 2. ②

Build: 문장으로 써 보기

A. ① Those are bananas.
② This is a bike.
B. ① I see a yellow bird.
② I see a long train.
③ I see a sad face.

Use: 문장 안에서 활용하기

A. ①

Chapter 7

Be동사

Unit 1 be동사의 현재형 100쪽

Check-up

1. am, are, is, is, are, are
2. ① is ② is ③ am ④ are
   ⑤ is ⑥ are ⑦ are

Step-up

1. ① They are happy.
   ② I am angry.
   ③ We are artists.
   ④ She is my mom.
   ⑤ He is a pilot.
   ⑥ It is my book.
   ⑦ You are a child.

Jump-up

1. ①-㉠-ⓒ ②-㉢-ⓓ ③-㉡-ⓑ
   ④-㉠-ⓔ ⑤-㉢-ⓐ ⑥-㉢-ⓕ

Pop-up Quiz

③

Unit 2 be동사의 과거형 104쪽

Check-up

1. ①-ⓐ ②-ⓑ ③-ⓑ
   ④-ⓑ ⑤-ⓐ
2. ① was ② was ③ were
   ④ were ⑤ were

Step-up

1. ① were ② were ③ was ④ were
   ⑤ were ⑥ were ⑦ was ⑧ were

Jump-up

1. ① The cats were cute.
   ② My sister was a doctor.
   ③ He was a teacher.
   ④ The people were cooks.
   ⑤ The bird was white.

Pop-up Quiz

is / are

Excercise 108쪽

Check: 배운 개념 확인하기

A. is, am, are, are, are, is, is (7개)
B. 1. are 2. is 3. are 4. are 5. are
C. 1. ⓓ 2. ⓔ 3. ⓐ 4. ⓑ 5. ⓒ
D. 1. ③ 2. ① 3. ②

Build: 문장으로 써 보기

A. ① is / boy ② are / brothers
③ was / scared ④ were / ladybugs

Use: 문장 안에서 활용하기

A. ②

Chapter 8

의문문

Unit 1 be동사의 현재형 의문문 112쪽

Check-up

1. ① Are ☑ ② is ③ are ④ Is ☑
   ⑤ Are ☑ ⑥ Are ☑ ⑦ Am ☑

Step-up

1. ① Is ② Are ③ Are ④ Is ⑤ Are
2. ① Is the doll pretty?
   ② Are the pants yellow?
   ③ Are my classmates happy?
   ④ Is the puppy cute?
   ⑤ Are you thirsty?

Jump-up

1. ① Is the car new?
   ② Are the flowers lilies?
   ③ Are they tigers?

④ Is Kevin an English teacher?
⑤ Is it your piano?
⑥ Are you scientists?
⑦ Are Jen and Sara sisters?

Pop-up Quiz

주어	I	She	We
be동사의 과거형 (was, were)	was	was	were

Unit 2 동사의 현재형 의문문 116쪽

Check-up

1. ① O ② X ③ X ④ O ⑤ O
2. ① Do-ⓒ ② Does-ⓔ ③ Does-ⓐ
④ Do-ⓓ ⑤ Do-ⓑ

Step-up

1. ①-ⓐ ②-ⓑ ③-ⓐ
④-ⓑ ⑤-ⓑ
2. ① Do you play the piano?
② Does your sister read books?
③ Do the kids draw pictures?
④ Does he watch TV?
⑤ Does a rabbit eat carrots?

Jump-up

1. ① Does ② walk ③ Do ④ read
⑤ eat ⑥ drink ⑦ Do

Pop-up Quiz

앞

Excercise 120쪽

Check: 배운 개념 확인하기

A. 1. O 2. X 3. O 4. X
B. 1. Does 2. Do 3. Does 4. Do
C. ① Are they ② Is he ③ Are you
④ Do they ⑤ Does the girl
D. 1. ③ 2. ① 3. ② 4. ②

Build: 문장으로 써 보기

A. ① Are they squirrels?
② Do you eat bread?

Use: 문장 안에서 활용하기

A. ① Does ② Do

MEMO

MEMO

MEMO

초등 영문법 마스터, 짧게 반복이 정답이다!

하루 한장

읽기, 듣기, 쓰기, 말하기가 되는

초등 영문법 한 권으로 끝

이정림(대치동 리야샘) 지음

WORKBOOK

키즈프렌즈

이정림(대치동 리야샘) 지음

하루 한장 읽기, 듣기, 쓰기, 말하기가 되는

초등 영문법 한 권으로 끝

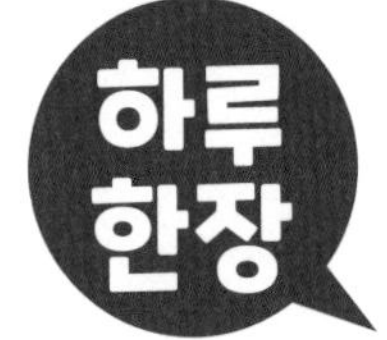

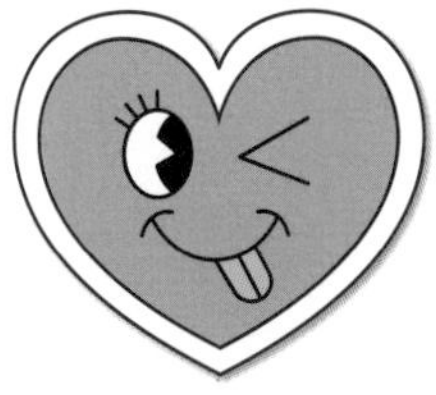

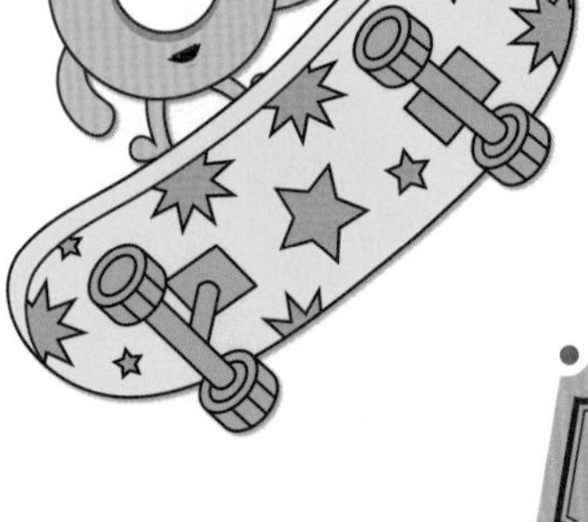

WORKBOOK

저학년

키즈프렌즈

CONTENTS

문장(sentence)

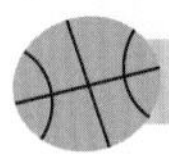

Review

문장(sentence)은 완전한 내용을 나타내요.

문장은 ① 누가 / 무엇이 ② (무엇을) 하는지 말해 줘요.	문장은 ① 누가 / 무엇이 ② 어떠한지 말해 줘요.
Jenny runs. 누가: Jenny가 (무엇을) 하는지: 달린다 Jenny가 달린다.	**My friend is happy.** 누가: 내 친구는 어떠한지: 행복하다 내 친구는 행복하다.
The rabbit hops. 무엇이: 그 토끼가 (무엇을) 하는지: 깡충깡충 뛴다 그 토끼가 깡충깡충 뛴다.	**My puppy is happy.** 무엇이: 내 강아지는 어떠한지: 행복하다 내 강아지는 행복하다.

문장에는 **평서문**(말해 주는 문장 telling sentence)과 **의문문**(물어보는 문장 asking sentence)이 있어요.

평서문	의문문
첫 글자는 대문자로 쓰고, 마지막에 마침표를 찍어요.	첫 글자는 대문자로 쓰고, 마지막에 물음표를 써요.
They like the story. 그들은 그 이야기를 좋아한다.	**Do they like the story?** 그들은 그 이야기를 좋아하니?
I am happy. 나는 행복하다.	**Are you happy?** 너는 행복하니?

Step 1

아래에서 '문장'이 아닌 것을 찾아 X 하세요.

1 We fall. (　)

2 It is a rabbit. (　)

3 like the game. (　)

4 I went to the shop. (　)

5 They ate (　)

6 Can you swim? (　)

Step 2

평서문에는 T를, 의문문에는 A를 쓰세요.

1 My friends can play a game. (　)
내 친구는 게임을 할 수 있다.

2 Can you sing? (　)
너는 노래할 수 있니?

3 I went to the park. (　)
나는 공원에 갔다.

4 I can draw a kitten. (　)
나는 새끼 고양이를 그릴 수 있다.

5 Do you like the kitten? (　)
너는 그 새끼 고양이를 좋아하니?

Step 3

문장을 읽고, 빈칸에 .(마침표)나 ?(물음표)를 쓰세요.

1 Can you jump high ______

2 It is my toy ______

3 Is it a computer ______

명사(noun) I

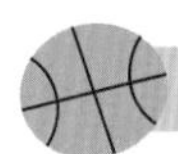

Review

명사(noun)는 사람, 장소, 물건, 동물 등의 이름을 나타내는 말이에요.

사람	장소	물건	동물
student 학생	classroom 교실	notebook 공책	panda 판다
teacher 선생님	school 학교	pencil case 필통	kitten 새끼 고양이

명사의 수가 하나일 때 명사 앞에 a나 an을 써서 하나임을 나타내요.

a + 명사	an + a, e, i, o, u로 시작하는 명사
a book 책 한 권	an ice-cream 아이스크림 한 개
a pencil 연필 한 자루	an eraser 지우개 한 개

명사의 수가 여러 개일 때는 명사 뒤에 s나 es를 붙여서 나타내요.

대부분의 명사 + s	ch, o, s, sh, x로 끝나는 명사 + es
books 책들	tooth brushes 칫솔들
pencils 연필들	buses 버스들

※ o로 끝나지만 s를 붙이는 단어도 있어요: a piano – pianos

Step 1

아래에서 '명사'가 아닌 것을 찾아 X 하세요.

1. computer 컴퓨터 ( )
2. run 달리다 ( )
3. see 보다 ( )
4. kangaroo 캥거루 ( )
5. fall 넘어지다 ( )
6. garden 정원 ( )

Step 2

아래의 단어를 알맞게 바꿔 쓰세요.

하나일 때 a / an	하나보다 많은 경우 + s / es
a book 책 한 권	
	benches 벤치들
a tomato 토마토 한 개	
	acorns 도토리들
a brush 붓 한 개	
	potatoes 감자들

Step 3

알맞은 말을 골라 동그라미 하세요.

1. I eat many (cookie | cookies).
   나는 많은 쿠키들을 먹는다.
2. I eat an (orange | oranges).
   나는 오렌지 한 개를 먹는다.
3. I saw five (bench | benches).
   나는 벤치 다섯 개를 봤다.
4. I saw a (bird | birds).
   나는 새 한 마리를 봤다.
5. I have many (brush | brushes).
   나는 많은 붓들을 가지고 있다.

Chapter 3

명사(noun) Ⅱ

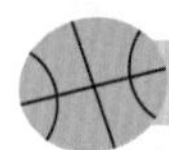

Review

고유 명사(proper noun)는 '특별한 이름'을 나타내는 말로, 첫 글자를 대문자로 써야 해요.

명사		고유 명사
person 사람	singer 가수	IU 아이유
place 장소	park 공원	Youngsan Family Park 용산가족공원
thing 물건	toy 장난감	Lego 레고
animal 동물	rabbit 토끼	Petter Rabbit 피터 래빗

명사의 소유격은 누구의 것인지 나타내며, '명사 + 's'로 씁니다.

Fred의 차 → Fred's car	우리 아빠의 책 → my dad's book
내 친구의 가방 → my friend's bag	Sally의 강아지 → Sally's puppy

Step 1

아래 단어 중 고유 명사에 동그라미 하세요.

country 나라 Korea 한국 lake 호수 coat 코트
Sejongsi 세종시 dress 드레스 apple 사과 school 학교
city 도시 Barbie 바비(인형) Nari Park 나리 공원

Step 2

빈칸에 넣을 알맞은 말을 찾아 V 하세요.

1 It is ________.
그것은 내 선생님의 책이다.
☐ my teachers book ☐ my teacher's book

2 We went to ________.
우리는 Kim의 집에 갔었다.
☐ Kim's house ☐ Kims house

3 This is ________.
이것은 우리 엄마의 드레스이다.
☐ my moms dress ☐ my mom's dress

4 I saw ________.
나는 Jake의 연필들을 봤다.
☐ Jake's pencils ☐ jakes pencils

Step 3

밑줄 친 부분을 바르게 고쳐 쓰세요.

1 We live near the han river. → ____________________
우리는 한강 근처에 산다.

2 I like sally. → ____________________
나는 Sally를 좋아한다.

3 This is Yuris bag. → ____________________
이것은 유리의 가방이다.

4 Kevins dog is cute. → ____________________
Kevin의 개는 귀엽다.

5 My name is ann. → ____________________
내 이름은 Ann이다.

Chapter 4

동사(verb)

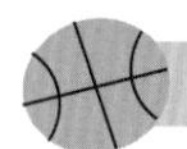

Review

동사(verb)는 움직임을 나타내는 말이에요.

run 달리다, walk 걷다, eat 먹다, jump 점프하다, read 읽다 …

동사의 현재형은 지금 일어난 일에 대해 말해요.

I, you, we, they 또는 여러 명이나 여러 개를 뜻하는 말과 쓸 때는 동사 모양 그대로 써요.

he, she, it 또는 한 명, 한 개를 뜻하는 말과 쓸 때는 동사에 -s나 -es를 붙여요.

I, you, we, they, 여러 명, 여러 개	he, she, it, 한 명, 한 개(동사 + -s/-es)
I walk. 나는 걷는다.	**He walks.** 그는 걷는다.
You walk. 너는 걷는다.	**A cat walks.** 고양이 한 마리가 걷는다.
They walk. 그들은 걷는다.	**He goes home.** 그는 집에 간다.
People walk. 사람들은 걷는다.	**She goes home.** 그녀는 집에 간다.
Dogs walk. 개들은 걷는다.	**A rabbit goes home.** 토끼 한 마리가 집에 간다.

※ -es를 붙이는 경우 : 동사가 ch, o, s, sh, x로 끝날 때

동사의 과거형은 지나간 일을 나타내요. 동사의 과거형은 동사에 -ed를 붙이는데, 어떤 동사는 모양이 변해요.

현재형	과거형(현재형 + ed)
walk	walked
jump	jumped
talk	talked

현재형	과거형(모양이 변함)
eat	ate
run	ran
go	went

-e로 끝나는 동사의 과거형은 d만 붙여요.

Step 1

아래 문장에서 동사를 찾아 동그라미 하세요.

1. They see the house. 그들은 그 집을 본다.
2. The kid runs fast. 그 아이는 빨리 달린다.
3. They talked loudly. 그들은 크게 이야기했다.
4. She brushes her hair. 그녀는 머리를 빗는다.
5. A kid watched TV. 아이 한 명이 TV를 봤다.

Step 2

밑줄 친 부분을 바르게 고쳐 쓰세요.

1. A frog jump. → ____________________
   개구리 한 마리가 점프한다.
2. She eat an apple. → ____________________
   그녀는 사과 하나를 먹는다.
3. They goes to the store. → ____________________
   그들은 그 가게에 간다.
4. Ann play the piano. → ____________________
   Ann은 피아노를 연주한다.
5. They waters plants. → ____________________
   그들은 식물들에게 물을 준다.

Step 3

밑줄 친 부분을 바르게 고쳐 쓰세요.

1. I goed to the park yesterday. → ____________________
   나는 어제 공원에 갔다.
2. Sam lookd at the sky. → ____________________
   Sam은 하늘을 봤다.
3. I likedd the book. → ____________________
   나는 그 책을 좋아했다.

대명사(pronoun)

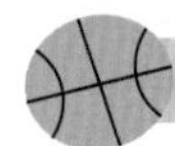

Review

대명사(pronoun)는 명사를 대신하는 말이에요.

주어의 자리에 오는 것을 인칭 대명사의 주격(I, you, he, she, it, we, they)이라고 해요.

I 나	I am Rachel. 나는 Rachel이다.	He 그	Sam is a cook. Sam은 요리사이다. He is a cook. 그는 요리사이다.
you 너	You are Jack. 너는 Jack이다.	She 그녀	Jane is a singer. Jane은 가수이다. She is a singer. 그녀는 가수이다.
you 너희들	You are students. 너희들은 학생들이다.	it 그것	The book is on the desk. 그 책은 책상 위에 있다. It is on the desk. 그것은 책상 위에 있다.
we 우리(들) (우리(들)은 '나'를 포함해요)	Rachel, Jack, and I are friends. Rachel, Jack과 나는 친구들이다. We are friends. 우리는 친구들이다.	they 그들	Rachel, Jack, and Sam are cooks. Rachel, Jack과 Sam은 요리사들이다. They are cooks. 그들은 요리사들이다.

인칭 대명사의 소유격(= my, your, our, his, her, its, their)은 누구의 것인지 알려 줘요.

my 나의	my tooth brush 내 칫솔	his 그의	his book 그의 책
your 네 / 너의 / 너희들의	your tooth brush 네 칫솔	her 그녀의	her book 그녀의 책
	your puppy 너희들의 강아지	its 그것의	its nose 그것의 코
our 우리의	our school 우리의 학교	their 그들의	their books 그들의 책들

Step 1

아래의 문장에서 인칭 대명사의 주격을 찾아 동그라미 하세요.

1. He likes the painting. 그는 그 그림을 좋아한다.
2. We play soccer. 우리는 축구를 한다.
3. They eat vegetables. 그들은 채소들을 먹는다.

Step 2

우리말 뜻에 맞는 인칭 대명사의 소유격을 골라 동그라미 하세요.

너희들의	your	his	my
그녀의	your	her	my
내 / 나의	their	its	my
우리의	our	its	his

그의	your	his	their
네 / 너의	your	our	its
그들의	their	its	his
그것의	their	its	his

Step 3

우리말 뜻에 맞게 보기에서 알맞은 대명사를 찾아 빈칸에 쓰세요.

보기	He	My	Our	Her	We

1. 내 친구는 친절하다. → ______________ friend is kind.
2. 우리는 함께 공부한다. → ______________ study together.
3. 그녀의 가방은 무겁다. → ______________ bag is heavy.
4. 우리의 도시는 크다. → ______________ city is big.
5. 그는 빨리 걷는다. → ______________ walks fast.

지시 대명사(demonstrative pronoun) & 형용사(adjective)

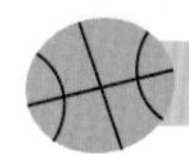

Review

지시 대명사(demonstrative pronoun)

this vs that

this(이것): 말하는 사람으로부터 가까이 있는 것 하나	that(저것): 말하는 사람으로부터 멀리 있는 것 하나
This is a pencil case. 이것은 필통이다.	That is a pencil case. 저것은 필통이다.
This is a book. 이것은 책이다.	That is a book. 저것은 책이다.

these vs those

these(이것들): 말하는 사람으로부터 가까이 있는 것 여러 개	those(저것들): 말하는 사람으로부터 멀리 있는 것 여러 개
These are pencil cases. 이것들은 필통들이다.	Those are pencil cases. 저것들은 필통들이다.
These are books. 이것들은 책들이다.	Those are books. 저것들은 책들이다.

형용사는 명사를 꾸며 주는 말로, 명사 앞에서 명사를 더 자세히 설명해요.

형용사(특징을 나타내는 말)		형용사 + 명사
크기	large, small, tiny, huge … 큰, 작은, 아주 작은, 아주 큰	a tiny bug 아주 작은 벌레 하나
상태	pretty, happy, good … 예쁜, 행복한, 좋은	a pretty flower 예쁜 꽃 한 송이
색깔	green, red, blue, yellow … 녹색의, 빨간, 파란, 노란	a green leaf 녹색의 잎 하나
개수	one, two, three, four … 하나, 둘, 셋, 넷	two bags 가방 두 개

Step 1

우리말 뜻에 맞게 알맞은 말에 동그라미 하세요.

1. 저것들은 사과들이다. (These | Those) are apples.
2. 이것은 나무 한 그루이다. (This | That) is a tree.
3. 이것들은 모자들이다. (These | Those) are hats.
4. 저것은 인형이다. (This | That) is a doll.
5. 저것들은 가방들이다. (These | Those) are bags.

Step 2

다음 그림을 보고, 알맞은 형용사를 보기에서 찾아 빈칸에 쓰세요.

보기	happy	big	yellow

1 

A __________ bird sleeps.
노란 새 한 마리가 잔다.

2 

A __________ tiger walks.
큰 호랑이 한 마리가 걷는다.

3 

A __________ girl smiles.
행복한 여자아이 한 명이 미소를 짓는다.

Step 3

주어진 단어들을 알맞게 연결하여 문장을 만드세요.

1 

on the desk. | A pretty | is | ribbon
→ ______________________________ 예쁜 리본 한 개가 책상 위에 있다.

2 

blue | pens. | I | have
→ ______________________________ 나는 파란 펜들을 가지고 있다.

3 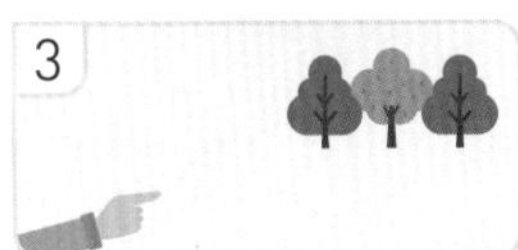

are | big | trees. | Those
→ ______________________________ 저것들은 큰 나무들이다.

be동사(be verb)

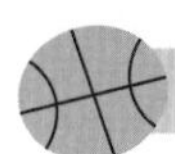

Review

be동사의 현재형은 am, are, is가 있고, 뜻은 '~이다, 어떠하다'예요.

하나	be동사 (~이다, 어떠하다)	여럿	be동사 (~이다, 어떠하다)
I 나는	am	We 우리는	are
You 너는	are	You 너희들은	
He 그는	is	They 그들은	
She 그녀는			
It 그것은			

be동사의 과거형은 was, were가 있어요. was는 am과 is의 과거형이고, were는 are의 과거형이에요. 뜻은 '~였다, 어떠했다'예요.

be동사의 현재형(~이다, 어떠하다)	be동사의 과거형(~였다, 어떠했다)
The man is a cook. 그 남자는 요리사이다.	The man was a cook. 그 남자는 요리사였다.
My dog is cute. 내 개는 귀엽다.	My dog was cute. 내 개는 귀여웠다.

Step 1

알맞은 be동사에 동그라미 하세요.

1 The boys (is | are) my friends.
그 소년들은 내 친구들이다.

2 
Jenny (is | are) a student.
Jenny는 학생이다.

3 
Some people (is | are) kind.
어떤 사람들은 친절하다.

Step 2

틀린 부분을 찾아 바르게 고치세요.

1 
The tree were big. ____________ → ____________
그 나무는 컸다.

2 
The bees was honey bees. ____________ → ____________
그 벌들은 꿀벌들이었다.

3 

She were Rachel. ____________ → ____________
그녀는 Rachel이었다.

Step 3

우리말 뜻에 맞게 주어진 단어들을 연결하여 문장을 만드세요.

1 그는 네 선생님이었다. your | teacher. | He | was
→ ______________________________

2 그들은 내 친구들이다. are | my friends. | They
→ ______________________________

3 John과 Joseph은 내 형제들이다. my brothers. | are | John and Joseph
→ ______________________________

의문문(asking sentence)

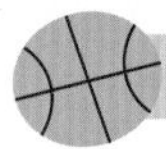

Review

be동사로 만드는 의문문은 be동사를 문장(주어)의 앞에 써요.

am / are / is를 문장(주어)의 앞 ~ ? '~이니?'		
Am I tall? 나는 키가 크니? 	**Are you full?** 너는 배부르니? 	**Is it your bag?** 그것은 네 가방이니? 

동작을 나타내는 동사로 만드는 의문문은 Do, Does를 문장(주어)의 앞에 써요.

Do + I / you / we / they + 동사 ~? '~하니?'	Does + he / she / it + 동사의 원래 모양 ~? '~하니?'
Do you like the flower? 너는 그 꽃을 좋아하니? 	**Does he like spaghetti?** 그는 스파게티를 좋아하니? 
Do we have the book? 우리는 그 책을 가지고 있니? 	**Does Jinhui know Yuri?** 진희는 유리를 알고 있니? 
Do you have a notebook? 너는 공책 한 권을 가지고 있니? 	**Does she eat vegetables?** 그녀는 채소들을 먹니? 
Do they go to school? 그들은 학교에 다니니?	**Does it like fish?** 그것은 생선을 좋아하니?

Step 1

의문문이 되도록 알맞은 말에 동그라미 하세요.

1. 그녀는 의사니? (She is | Is she) a doctor?
2. 그것들은 돌고래들이니? (They are | Are they) dolphins?
3. 그 아이들은 행복하니? (The children are | Are the children) happy?
4. 네 엄마는 가수니? (Your mom is | Is your mom) a singer?
5. 그 동물들은 원숭이들이니? (The animals are | Are the animals) monkeys?

Step 2

의문문이 되도록 Do나 Does 중 알맞은 것을 빈칸에 쓰세요.

1. 너는 매일 걷니? ________ you walk everyday?
2. 그녀는 수학을 가르치니? ________ she teach math?
3. 그들은 영어를 하니? ________ they speak English?
4. 그 여자아이들은 기타를 치니? ________ the girls play the guitar?
5. 그녀는 그 드레스를 좋아하니? ________ she like the dress?

Step 3

주어진 단어를 알맞게 연결하여 문장을 만드세요.

1

the apples | green? | Are

→ ____________________ 그 사과들은 녹색이니?

2

cheetahs | fast? | Are

→ ____________________ 치타들은 빠르니?

3

you | read | books | Do | every day?

→ ____________________ 너는 매일 책들을 읽니?

실전 테스트 1

학습일 ____ 월 ____ 일　　정답 33쪽

출제 범위 확인하기 예) C1 U1 = Chapter1 Unit1

01 다음 중 문장인 것을 고르세요. C1 U1

① The cute puppy
② I like
③ The cat jumps.
④ the book.

02 다음 중 의문문을 고르세요. C1 U2

① The kid is happy.
② We like the story.
③ He sang.
④ Do you like the book?

03 맞는 문장은 ○, 틀린 문장은 X 하세요. C1 U2

① the cat is white (　　)
② We are students. (　　)
③ are you happy? (　　)
④ Are you sad. (　　)

04 명사로 짝지어진 것을 고르세요. C2 U1

① cat - doll
② jump - book
③ pen - sing
④ hop - is

05 다음 중 대문자로 시작해야 하는 고유 명사를 고르세요. C3 U1

① dog　　② han river
③ song　　④ school

06 그림을 보고, 알맞은 말을 고르세요. C2 U3

①

(a hat | hats)

②

(a dog | dogs)

③

(an orange | oranges)

C2 U4

07 빈칸에 넣을 말들이 알맞게 짝지어진 것을 고르세요.

> I have two ________ for lunch.
> My friend has three ________ for lunch.

① potatoes - sandwiches

② potatos - sandwiches

③ potatos - sandwichs

④ potatoes - sandwichs

C4 U1

08 다음 중 밑줄 친 말이 동사인 것을 고르세요.

① <u>Sam</u> drinks milk.

② The <u>frog</u> hops.

③ They <u>read</u> books.

④ My teacher writes on the <u>board</u>.

C4 U3

09 밑줄 친 부분이 맞는 것을 고르세요.

① They <u>jump</u> yesterday.

② The girl <u>walked</u> yesterday.

③ We <u>work</u> yesterday.

④ Amy <u>jumped</u> now.

C4 U2

10 맞는 문장이 되도록 알맞은 말에 동그라미 하세요.

① I (walk | walks) to school.

② She (make | makes) the box.

③ They (sing | sings) a song.

④ He (like | likes) the movie.

C4 U3

11 지나간 일에 대해 말하는 동사의 과거형이 <u>잘못된</u> 것을 고르세요.

① liked ② went

③ goed ④ jumped

C6 U1

12 우리말 뜻과 짝지은 것 중 <u>잘못된</u> 것을 고르세요.

① That - 저것들 ② This - 이것

③ Those - 저것들 ④ These - 이것들

C6 U2

13 그림과 가장 잘 어울리는 것을 고르세요.

① These are peaches.

② This is a peach.

③ That is a peach.

④ Those are peaches.

C6 U3

14 다음 중 밑줄 친 말이 형용사인 것을 고르세요.

① I <u>see</u> a big house.

② The <u>cute</u> doll is on the desk.

③ Two <u>frogs</u> hop.

④ <u>They</u> have a big cake.

C6 U3

15 빈칸에 넣을 알맞은 말을 고르세요.

I have a ______ hat.

① many ② two

③ blue ④ one

C5 U1

16~17 그림에 맞게 밑줄 친 부분을 고쳐서 문장을 다시 쓰세요.

16

<u>They</u> is a student.

____

17

<u>He</u> is a cook.

____

C5 U2

18 우리말 뜻에 맞게 보기에서 알맞은 단어를 찾아 문장을 완성하세요.

my your his her its our their

① 그것은 내 장난감이다.

It is __________ toy.

② 그것은 우리들의 학교이다.

It is __________ school.

③ 그것들은 그녀의 인형들이다.

They are __________ dolls.

C7 U2

19~20 주어진 단어들을 알맞게 연결하여 문장을 만드세요.

19 was | a | student. | She

____

20 They | pilots. | were

____

21 다음 중 맞는 문장을 고르세요. C7 U1

① Many people are excited.

② The student are happy.

③ Ali are great.

④ The kids is sad.

C8 U1/U2

22 다음 중 물어보는 문장이면 '의문문'이라고 쓰세요.

① Are you a student?

____

② You are my student.

____

③ You like the story.

____

④ Do you like the story?

____

⑤ Does she have the book?

____

C8 U2

23 보기의 문장을 의문문으로 바르게 고친 것을 고르세요.

| 보기 | The kids like the flowers.

① Are the kids like the flowers?
② Does the kids like the flowers?
③ Is the kids like the flowers?
④ Do the kids like the flowers?

C8 U2

24 주어진 단어들을 알맞게 연결하여 문장을 만드세요.

Joseph and Jenny | Do | ? | the movie | watch

____

C8 U1

25 밑줄 친 be동사를 바르게 고쳐서 문장을 쓰세요.

<u>Are</u> that your piano?

____

실전 테스트 2

학습일 ____ 월 ____ 일　　정답 34쪽

01 다음 중 맞는 문장을 고르세요. C1 U1

① My hat is yellow.
② It is a cat?
③ my mom is happy.
④ Do you like the song.

02 다음 문장에서 마침표(.)나 물음표(?) 중 알맞은 것에 동그라미 하세요. C1 U2

① He is my dad (. | ?)
② Do you have a pen (. | ?)
③ Can you swim (. | ?)
④ I am a student (. | ?)

03 밑줄 친 부분을 바르게 고쳐서 문장을 쓰세요. C1 U2

① the bag is blue.

____

② Can you dance.

____

③ i am happy.

____

④ do you go to school?

____

04 빈칸에 a나 an 중 알맞은 것을 쓰세요. C2 U2

① I have ______ orange.
② We have ______ class room.
③ They have ______ apple tree.
④ She has ______ eraser.

05 알맞은 말에 동그라미 하세요. C2 U3/U4

① Sally makes three (a cookie | cookies).
② We have (a piano | an piano).
③ Jack and Denny like (books | bookes).
④ She has two (watchs | watches).

06 빈칸에 알맞은 말을 고르세요. C3 U1

My family went to ______ .

① olympic Park
② Olympic park
③ olympic park
④ Olympic Park

C3 U2

07 그림을 보고 알맞은 말을 고르세요.

①

(her bag | his bag)

②

(her book | his book)

③

(its tail | their tail)

C4 U1

08 동사끼리 짝지어진 것을 고르세요.

① jump - jump rope
② make - walk
③ sing - song
④ music - play

C4 U2

09 밑줄 친 부분이 잘못된 것을 고르세요.

① Kids likes the book.
② We go to the park.
③ My grandpa plays the piano.
④ She has a hat.

C4 U3

10 맞는 문장이 되도록 알맞은 말에 동그라미 하세요.

① Yesterday, I (play | played) the piano.
② Now, I (listen | listened) to the music.
③ Yesterday, they (visit | visited) the park.
④ Now, they (go | went) to the river.

C4 U2

11 빈칸에 넣을 수 없는 말을 고르세요.

He ______ in the classroom.

① writes ② reads
② speaks ④ teach

C6 U1/U2

12 우리말 뜻에 맞게 쓴 문장을 고르세요.

저것들은 나무들이다.

① That is a tree.
② This is a tree.
③ Those are trees.
④ These are threes.

C6 U1/U2

13 빈칸에 넣을 알맞은 말을 골라 동그라미 하세요.

① This ______ my book. (is | are)

② These ______ his bags. (is | are)

③ That ______ their school. (is | are)

④ Those ______ benches. (is | are)

C6 U3

14 빈칸에 넣을 수 없는 말을 고르세요.

I saw a ______ building.

① huge ② big
③ two ④ beautiful

C6 U3

15 그림과 가장 잘 어울리는 문장을 고르세요.

① I see the blue sky and a cute bird.

② I see the green sky and a cute bird.

③ I see the blue sky and birds.

④ I see the blue sky and two birds.

C7 U1

16 빈칸에 넣을 수 있는 말을 모두 찾아 동그라미 하세요.

① ______ are happy.
(I | You | We | She | He | It | They)

② ______ is excited.
(I | You | We | She | He | It | They)

C7 U2

17 우리말 뜻에 맞게 문장을 완성하세요.

______ was ______ teacher.
그녀는 그들의 선생님이었다.

C7 U1

18 우리말 뜻과 일치하지 않는 것을 고르세요.

① 나는 네 친구이다.
I am your friend.

② 그는 그녀의 오빠이다.
He is his brother.

③ 우리는 그의 학생들이다.
We are his students.

④ 그녀는 내 엄마이다.
She is my mom.

19 잘못된 문장을 고르세요. C7 U2

① They were cooks.

② We were artists.

③ She were a teacher.

④ You were a police officer.

C7 U1

20 빈칸에 넣을 알맞은 말을 골라 동그라미 하세요.

① We ________ their friends.
(am, are, is)

② She ________ my sister.
(am, are, is)

③ Jack and Jenny ________
(am, are, is)
brother and sister.

④ Kevin ________ a writer.
(am, are, is)

C7 U1

21 밑줄 친 부분을 바르게 고친 것을 고르세요.

The kids are our <u>student</u>.

① studentes.

② students.

③ a student.

④ my students.

C8 U1/U2

22-23 틀린 부분을 바르게 고쳐서 문장을 다시 쓰세요.

22 Do the boy speak English?

____

23 Is Ali and Sam good friends?

____

C8 U2

24 다음 문장을 의문문으로 바꿔 다시 쓰세요.

Kevin, Sally, and Jason go to the park.

____

C8 U2

25 주어진 단어들을 알맞게 연결하여 문장을 만드세요.

a toy car | Do | they | have | ?

그들은 장난감 자동차 한 대를 가지고 있니?

____

실전 테스트 3

학습일 ____ 월 ____ 일　정답 35쪽

C1 U2

01 다음 문장에서 마침표(.)가 필요한 것을 고르세요.

① I go to school

② Are you sleepy

③ Can you jump

④ Do you like the music

C1 U1

02 다음 중 문장에 해당하는 것을 고르세요.

① The funny story

② It is my book.

③ Do you like?

④ The tall boy

C1 U2

03 맞는 문장에는 ◯, 틀린 문장에는 X 하세요.

① The girl is my sister. (　　)

② It is your bag? (　　)

③ My cat is grey. (　　)

④ do you drink milk? (　　)

C2 U1

04 밑줄 친 부분이 명사인 문장을 고르세요.

① We <u>are</u> students.

② It is <u>a</u> rabbit.

③ The <u>kids</u> play soccer.

④ They jump <u>high</u>.

C2 U4

05 그림을 보고 알맞은 말을 고르세요.

①

(pianos | pianoes)

②

(buss | buses)

③

(foxs | foxes)

④

(caps | capes)

C3 U1

06 빈칸에 넣을 수 <u>없는</u> 말끼리 짝지은 것을 고르세요.

> I went to ________ and ________ with my family.

① Jeju Island - Hallasan

② seoul forest park - han River

③ Dosan Park - Youngsan Park

③ Lotte World - Everland

C3 U2

07 우리말 뜻에 맞는 것을 고르세요.

① Jenny의 가방 - Jenny's bag

② Jake의 피아노 - Jakes' piano

③ 토끼의 귀 - rabbit' ears

④ Sam의 필통 - Sams pencil case

C4 U1

08 밑줄 친 부분이 동사가 <u>아닌</u> 것을 고르세요.

① Many kids love <u>animation</u>.

② She <u>teaches</u> at school.

③ I <u>eat</u> breakfast.

④ My friend <u>draws</u> a picture.

C4 U2

09 그림을 보고 알맞은 말을 고르세요.

①

The girl (has | have) a puppy.

②

The boy (make | makes) a cake.

③

The children (read | reads) the books.

C4 U3

10 밑줄 친 부분을 바르게 고쳐서 문장을 다시 쓰세요.

① Yesterday, we <u>learn</u> cooking.

____

② Yesterday, I <u>go</u> to the store.

____

③ Yesterday, Kevin <u>talk</u> with his mom.

____

C4 U2

11 빈칸에 넣을 수 <u>없는</u> 말을 고르세요.

He ________ his teeth.

① washes ② brushes
③ touch ④ sees

C6 U1

12 우리말 뜻에 맞게 쓴 문장을 고르세요.

저것은 창문이다.

① That are a window.
② That is a window.
③ This is a window.
④ This are a window.

C6 U1/U2

13 다음 중 <u>틀린</u> 문장을 고르세요.

① These are a book.
② This is a desk.
③ Those are pens.
④ That is a hat.

C6 U1/U2

14 밑줄 친 부분을 바르게 고친 것을 골라 동그라미 하세요.

① <u>That</u> are my bags.
(This | Those)

② <u>These</u> is your pencil.
(This | Those)

③ <u>This</u> are squirrels.
(That | These)

C6 U3

15 빈칸에 넣을 수 <u>없는</u> 말을 고르세요.

Those are ________ trees.

① tall ② green
③ one ④ huge

C5 U3

16-17 그림을 보고 밑줄 친 부분을 바르게 고치세요.

16

It is <u>their</u> yellow notebook.

____

17

It is <u>her</u> white cap.

____

C5 U2

18 빈칸에 넣을 수 없는 말을 고르세요.

He is ________ brother.

① her ② our
③ my ④ it

19 빈칸에 넣을 말을 골라 쓰세요. C7 U1

① The teachers ________ at school. (is | are)

② The girls ________ at the park. (is | are)

③ Amy ________ at the airport. (is | are)

④ Charlie and I ________ at the store. (is | are)

C7 U2

20 밑줄 친 부분이 맞으면 ◯, 틀리면 바르게 고치세요.

① Sally, Jack, and I was doctors.

____

② They were my stickers.

____

③ The kittens was funny.

____

C7 U1

21 우리말 뜻에 맞게 쓴 문장을 고르세요.

그들은 우리의 아이들이다.

① They are their children.
② We are our children.
③ They are our children.
④ We are their children.

C8 U1/U2

22-23 빈칸에 넣을 알맞은 말을 골라 쓰세요.

22 ________ she want a cookie? (Is | Are | Do | Does)

23 ________ Rachel and Sara your sisters? (Is | Are | Do | Does)

C8 U1

24 틀린 부분을 바르게 고쳐서 문장을 다시 쓰세요.

Does it your book?

____

C8 U1

25 주어진 단어들을 알맞게 연결하여 문장을 만드세요.

? | the puppies | Are | hungry
그 강아지들은 배고프니?

____

Chapter 1
문장

Step 1

3. X 5. X

◐ 문장은 말해 주는 문장이라면, '누가/무엇이 (무엇을) 하다.' 또는 '누가/무엇이 어떠하다.'라는 내용이 있어야 한다.
물어보는 문장이라면, '누가/무엇이 (무엇을) 하니?' 또는 '누가/무엇이 어떠하니?'라는 내용이 있어야 한다.
3. '누가' 그 게임을 좋아하는지 '누가'가 없어 문장이 될 수 없다.
5. '무엇을' 먹었는지 말이 끝나지 않았으므로 문장이 될 수 없다.

Step 2

1. T 2. A 3. T 4. T 5. A

Step 3

1. ? 2. . 3. ?

Chapter 2
명사 Ⅰ

Step 1

2. X 3. X 5. X

Step 2

하나일 때 a / an	하나보다 많은 경우 + s / es
a book a bench a tomato an acorn a brush a potato	books benches tomatoes acorns brushes potatoes

Step 3

1. cookies 2. orange 3. benches
4. bird 5. brushes

Chapter 3
명사 Ⅱ

Step 1

Korea, Sejongsi, Barbie, Nari Park

Step 2

1. my teacher's book
2. Kim's house
3. my mom's dress
4. Jake's pencils

Step 3

1. Han River 2. Sally
3. Yuri's bag 4. Kevin's dog
5. Ann

Chapter 4
동사

Step 1

1. see 2. runs 3. talked
4. brushes 5. watched

Step 2

1. jumps 2. eats 3. go
4. plays 5. water

Step 3

1. went 2. looked 3. liked

Chapter 5
대명사

Step 1

1. He 2. We 3. They

Step 2

너희들의	your	그의	his
그녀의	her	네 / 너의	your
내 / 나의	my	그들의	their
우리의	our	그것의	its

Step 3

1. My 2. We 3. Her
4. Our 5. He

Chapter 6
지시 대명사 & 형용사

Step 1

1. Those 2. This 3. These
4. That 5. Those

Step 2

1. yellow 2. big 3. happy

Step 3

1. A pretty ribbon is on the desk.
2. I have blue pens.
3. Those are big trees.

Chapter 7
Be동사

Step 1

1. are 2. is 3. are

Step 2

1. were → was 2. was → were
3. were → was

Step 3

1. He was your teacher.
2. They are my friends.
3. John and Joseph are my brothers.

Chapter 8
의문문

Step 1

1. Is she 2. Are they
3. Are the children 4. Is your mom
5. Are the animals

Step 2

1. Do 2. Does 3. Do
4. Do 5. Does

Step 3

1. Are the apples green?
2. Are cheetahs fast?
3. Do you read books everyday?

실전 테스트 1

01. ③
02. ④
03. ① X
 ➲ 문장의 첫 글자는 대문자로 시작한다.
 ② O
 ③ X
 ➲ 문장의 첫 글자는 대문자로 시작한다.
 ④ X
 ➲ 의문문은 문장의 마지막에 물음표(?)를 쓴다.
04. ①
05. ②
 ➲ 특별한 이름(고유 명사)이라서 대문자로 시작해야 한다.
06. ① hats ② a dog ③ an orange

07. ①
08. ③
09. ②
10. ① walk ② makes ③ sing ④ likes
11. ③
12. ①
13. ④
14. ②
15. ③
    ➲ 문장에 a(하나)가 있어서 ① ② ④는 들어갈 수 없다.
16. He is a student. ➲ 그는 학생이다.
17. She is a cook. ➲ 그녀는 요리사이다.
18. ① my ② our ③ her
19. She was a student. ➲ 그녀는 학생이었다.
20. They were pilots.
    ➲ 그들은 비행기 조종사들이었다.
21. ①
    ➲ ② 주어가 The student, '한 명'이므로, be동사 is를 써야 한다.
    ③ 주어가 Ali, '한 명'이므로, be동사 is를 써야 한다.
    ④ 주어가 The kids, '여러 명'이므로, be동사 are를 써야 한다.
22. ① 의문문 ➲ 너는 학생이니?
    ➲ ② 너는 나의 학생이다.
    ③ 너는 그 이야기를 좋아한다.
    ④ 의문문 ➲ 너는 그 이야기를 좋아하니?
    ⑤ 의문문 ➲ 그녀는 그 책을 가지고 있니?
23. ④
24. Do Joseph and Jenny watch the movie?
    ➲ Joseph과 Jenny는 그 영화를 보니?
25. Is that your piano?

실전 테스트 2

01. ①
    ➲ ② 평서문은 문장의 마지막에 마침표(.)를 쓴다.
    ③ 문장의 첫 글자는 대문자로 쓴다.
    ④ 의문문은 문장의 마지막에 물음표(?)를 쓴다.
02. ① . ② ? ③ ? ④ .
03. ① The bag is blue.
    ② Can you dance?
    ③ I am happy.
    ④ Do you go to school?
04. ① an ② a ③ an ④ an
05. ① cookies ② a piano
    ③ books ④ watches
06. ④
07. ① her bag ② his book ③ its tail
08. ②
09. ①
    ➲ 주어가 Kids로 여러 명이므로, 동사는 like를 써야 한다.
10. ① played ② listen
    ③ visited ④ go
11. ④
    ➲ 주어가 He일 때 동사의 현재형에는 s나 es를 붙이기 때문에 teach는 쓸 수 없다.
12. ③
13. ① is ② are ③ is ④ are
14. ③
    ➲ two가 오려면 뒤에 buildings가 와야 한다.
15. ①
16. ① You, We, They ② She, He, It
17. She, their
18. ②
    ➲ '그는 그녀의 오빠이다.'라는 해석에 맞게 쓰려면 'He is her brother.'라고 써야 한다.
19. ③
    ➲ 주어가 She이므로, 'She was a teacher. 그녀는 선생님이었다.'라고 써야 한다.
20. ① are ② is ③ are ④ is
21. ②
    ➲ 주어 The kids가 여러 명이므로, 'The kids are students. 그 아이들은 우리의 학생들이다.'라고 써야 한다.
22. Does the boy speak English?
    ➲ 그 소년은 영어를 하니?

23. Are Ali and Sam good friends?
   ➡ Ali와 Sam은 좋은 친구들이니?
24. Do Kevin, Sally, and Jason go to the park?
   ➡ Kevin, Sally, 그리고 Jason은 공원에 가니?
25. Do they have a toy car?

실전 테스트 3

01. ①
   ➡ ① 말해 주는 문장이므로 마침표가 필요하다.
   ② be동사 Are를 문장(주어) 앞에 써서 물어보는 문장이 되므로, 물음표가 필요하다.
   ③ 물어보는 문장이므로 물음표가 필요하다.
   ④ 문장(주어) 앞에 Do를 써서 물어보는 문장이 되므로 물음표가 필요하다.
02. ②
   ➡ ③ like 다음에 무엇을 좋아하는지 써야 문장이 된다.
03. ① O
   ② X ➡ 물음표(?) 대신 마침표(.)를 써야 한다.
   ③ O
   ④ X ➡ do가 Do로 바뀌어야 한다.
04. ③
05. ① pianos
   ➡ 명사가 ch, o, s, sh, x로 끝나면 명사 뒤에 es를 붙여서 복수형을 만들지만, piano는 예외인 단어이므로 pianoes가 아닌 pianos가 맞다.
   ② buses ③ foxes ④ caps
06. ②
07. ①
08. ①
09. ① has ② makes ③ read
10. ① Yesterday, we learned cooking.
   ② Yesterday, I went to the store.
   ③ Yesterday, Kevin talked with his mom.
11. ③
   ➡ 주어가 He이고, 지금의 일을 나타내면, 동사 뒤에 's'나 'es'를 붙여야 한다. 주로 s를 붙이지만, ch, o, s, sh, x로 끝나는 동사는 es를 붙인다.
   ①, ②, ④는 동사 뒤에 'es'가 있어서 빈칸에 들어갈 수 있지만, ③은 주어가 He일 때 들어갈 수 없다.
12. ②
13. ①
14. ① Those ② This ③ These
15. ③
16. her
17. his
18. ④
   ➡ brother 앞에 '~의'에 해당하는 말을 써야 한다. it은 소유격이 아니므로 올 수 없다.
19. ① are ② are ③ is ④ are
20. ① were
   ➡ 주어가 Sally, Jack and I로 여러 명이므로, was가 아닌 were를 써야 한다.
   ② O
   ③ were
   ➡ 주어가 kittens로 여러 마리이므로, was가 아닌 were를 써야 한다.
21. ③
22. Does
   ➡ want라는 동사가 나오고 주어가 She이므로, Does를 써서 의문문을 만든다.
23. Are
   ➡ be동사 are가 오는 문장으로, be동사를 문장(주어) 앞에 써서 의문문을 만든다.
24. Is it your book?
   ➡ '이것은 네 책이니?'라고 묻는 말이므로, be동사 is를 써야 한다.
25. Are the puppies hungry?

MEMO